Ilustração: Stephanie Schmidt

OSCAR SCHMIDT

14 MOTIVOS PARA VIVER, VENCER E SER FELIZ

Por Elias Awad

novo século®
SÃO PAULO 2014

Copyright © 2014 by Elias Awad

Coordenação editorial: Silvia Segóvia
Transcrição: Marcelo Romano
Capa e projeto gráfico de miolo: Crayon Editorial
Diagramação: Alessandra Salles
Edição e preparação de texto: Fernanda Marão
Revisão: Marisa Rosa Teixeira

Texto de acordo com as normas do Novo Acordo Ortográfico da Língua Portuguesa (Decreto Legislativo nº 54, de 1995)

Dados Internacionais de Catalogação na Publicação (CIP)
(Câmara Brasileira do Livro, SP, Brasil)

Awad, Elias
  Oscar Schmidt : 14 motivos para viver, vencer e ser feliz / por Elias Awad. – Barueri, SP : Novo Século Editora, 2014.

  1. Jogadores de basquetebol – Brasil – Biografia 2. Schmidt, Oscar. I. Título.

14-02227   CDD: 927.963230981

Índices para catálogo sistemático:

1. Jogadores de basquetebol : Brasil : Biografia 927.963230981

2014

IMPRESSO NO BRASIL
PRINTED IN BRAZIL

DIREITOS CEDIDOS PARA ESTA EDIÇÃO À
NOVO SÉCULO EDITORA LTDA.

Alameda Araguaia, 2190 – Conj. 1111
CEP 06455-000 – Barueri – SP
Tel. (11) 3699-7107 – Fax (11) 3699-7323

www.novoseculo.com.br
atendimento@novoseculo.com.br

Agradecimentos

A todos que estiverem lendo, digo que minha família foi o que de mais importante aconteceu em minha vida. Minha filha, Stephanie, chef de cozinha e estudante de desenho, minha enfermeira pessoal, uma menina pronta para casar, com todas as virtudes que sonhamos em nossos filhos. Felipe, sociólogo e cineasta, formado nos Estados Unidos, o filho que todo mundo pediu a Deus, que em breve estará dirigindo um filme sobre minha vida. E a Cris, minha melhor amiga, minha esposa, minha amante, esteve ao meu lado desde que nos conhecemos, aos 17 anos, quando talvez não fosse mais jogar basquete. Nos amamos muito, cada vez mais, e posso dizer que se não a tivesse do meu lado, não teria conseguido. Amo muito vocês três.

Oscar Schmidt

Sumário

Um homem feliz 9
A honra de escrever para um mito 15
1 Desafios 21
2 Competitividade e posicionamento 31
3 Obstinação 39
4 Liderança 51
5 Trabalho em equipe 57
6 Inovação 67
7 Lições de vida 73
8 Comprometimento 79
9 Vencer 85
10 Oscar e Marcel, uma história à parte 89
11 Valores 95
12 Vencendo o invencível: os Estados Unidos;
   Vencendo o vencível: o câncer 107
13 Hall da Fama e Tof of Mind 117
14 Respeite suas características e aptidões 125

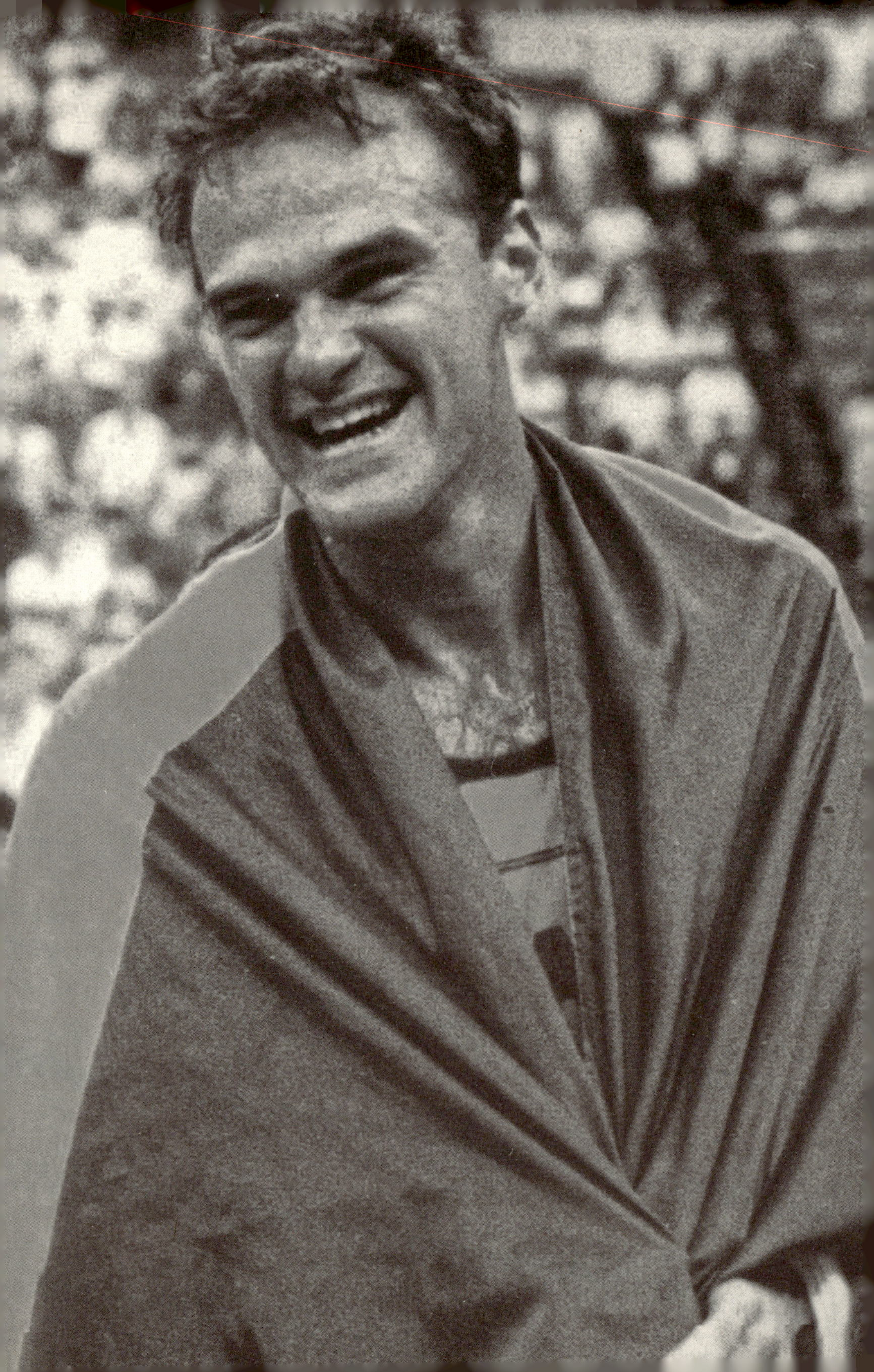

Um homem feliz

Vou começar a nossa conversa por aquilo que tem acontecido nos anos e meses mais recentes da minha vida e me trouxe as maiores alegrias e também tristezas. Mas temos muito para conversar e compartilhar durante o livro.

Quando o apresentador do Hall da Fama convocou meu maior ídolo, o ex-ala e técnico Larry Bird, para subir ao palco e disse "Senhoras e senhores, Oscar Schmidt!", meu coração quase saiu pela boca. Irei falar bastante sobre o antes, o durante e o depois da premiação do Hall da Fama nas páginas seguintes.

Isso aconteceu em 8 de setembro de 2013. Sabe, por algumas vezes pensei que nunca seria lembrado. Parei de jogar em 2003, aos 45 anos. Da seleção me despedi aos 38 anos, em 3 de agosto de 1996, na Olimpíada de Atlanta, quando perdemos para a Grécia.

Você bem sabe que eu joguei basquete por muitos anos da minha vida. E não é que uma semana após a minha despedida da seleção um sujeito me aborda na rua e, todo emocionado, depois de perguntar por que eu parei de jogar, fala com voz firme, tentando me demover da ideia: "Oscar... Você viu a seleção ontem? Que merda! Volte, Oscar! O Bernardinho está precisando de você lá!"

O Bernardinho é técnico de vôlei! Eu nunca joguei vôlei! Eu jogava BASQUETE!!! A gente tem de aguentar cada uma...

Bem, tive uma carreira longa que me proporcionou passagens mágicas. Mas nada comparado ao Hall da Fama. Ou melhor, depois dos momentos em que estou junto com a minha mulher, Cristina, e os meus filhos, Stephanie e Felipe, entrar para o Hall da Fama representa certamente o dia mais incrível e esperado da minha vida!

Vida... Vida... Vida não tem preço, mas valor! Sabe quando você percebe isso? Ao ter a vida em risco. A minha vida vale muito. Vale para mim, vale para a minha família.

A minha vida vale pela história que eu construí. Conscientizei-me disso com as manifestações de carinho, em função da doença, que recebo pelas mídias sociais e nas ruas: *Força, Oscar! Você vai vencer a doença! Mete uma bola de três e vamos vencer esse jogo! Deus está com você, vai dar tudo certo!...*

É de emocionar! É de fortalecer! É mesmo de querer viver! E eu vou viver! Por mim, pela minha família e pela sua torcida, leitor, eu vou viver!

Eu sempre digo que esse câncer pegou o cara errado! A doença pode até afetar o meu corpo, mas não os meus sonhos. Não deixe, também, que nada afete os seus!

Além do valor da vida, passei a conhecer o sentido que ela tem. A missão que recebemos em troca dela. Deus nos dá a vida e também uma missão. Por um longo tempo a minha foi a de levar emoção e vibração ao próximo. Depois, aprendi a também fazer e a levar o bem ao próximo.

Até que me descobri como palestrante. Acredito que passei, então, a despertar emoção, vibração, alegria e legados que aprendi e aprendo com tudo o que vivi e vivo para as pessoas. É uma forma de continuar a fazer o bem para mim e para os outros!

Confesso que sinto estar vivendo uma nova fase. Um momento que representa o sonho de ontem, mas se tornará motivo de experiência acumulada amanhã. Assim, novos momentos surgem a cada dia. O novo de hoje é o velho de amanhã... O inexperiente de hoje será o maduro de amanhã.

Espero que, ao abrir o livro, você, leitor, esteja motivado. Que leia o livro e pense: "Achava que minha vida era difícil... Olha a vida que o Oscar tem, como tudo aconteceu na trajetória dele em razão do empenho e dos resultados que alcançou".

Treinar mais um pouquinho faz a diferença. Treinar muito o torna único! Era exatamente isso que eu perseguia quando jogava basquete, ser único. É exatamente isto que eu persigo como palestrante: ser, da mesma forma, único.

Sim... o *Mão Santa* tornou-se palestrante. E dos bons. Aliás, o melhor! Conquistei mais um título! O ano de 2013 marcou como uma temporada especial demais para mim. Além de entrar para o Hall da Fama, fui eleito no prêmio Top of Mind de RH o Melhor Palestrante do Brasil. Eu estava muito ansioso, nervoso. Concorria com outros quatro palestrantes brilhantes. Claro que havia confiança, mas também batia aquela dúvida.

Assim que cheguei à casa de eventos em que ocorreu a premiação, fui olhar o painel com todos os indicados, cinco por categoria. Quando bati o olho, não acreditei: os nomes dos palestrantes que concorriam estavam inscritos na 14ª categoria. Éramos o 14º grupo.

Número 14... O mesmo que eu carreguei na maior parte da minha vida de jogador e com o qual tive tantas alegrias. O mesmo que marca o título deste livro: *14 motivos para viver, vencer e ser feliz*.

Não tive dúvidas! O 14 estava lá! A certeza da vitória também! Ela realmente veio. Foi lindo e emocionante ver aquele público todo me aplaudir de pé!

Agora só falta me chamarem de *Boca Santa*... Digo isso até de forma provocativa. As pessoas pensam que, em vez de me chamar Oscar Schmidt, o meu verdadeiro nome é Oscar *Mão Santa*.

O apelido é legal, marcou fortemente, expressa a minha precisão na pontaria, mas me irrita profundamente! Eu nunca tive ou fui o *Mão Santa*! O que eu tenho e sou é *Mão Treinada*!

Sabe por que eu acertava tantas cestas de três pontos? Porque eu treinava mais de mil arremessos por dia! Sabe por que eu me tornei o melhor palestrante do Brasil? Por ter a mesma dedicação, a mesma obstinação, palavras que as pessoas adoram ouvir, na profissão de palestrante. Mas também vou falar disso no decorrer do livro.

Minha palestra é diferente. É sobre o meu mundo do esporte. Basquete tem muito contato físico, muito empurrão, agarrão e palavrão. Isso mesmo: Palavrão faz parte do esporte!

Só na ginástica artística não tem palavrão. Em qualquer campo ou ginásio de futebol, de vôlei, de basquete, de handebol... tem palavrão. Então, talvez eu solte uns palavrões durante o livro. Por favor, não pensem que é algo ofensivo. Eu digo palavrões porque fazem parte do "dialeto" do esporte e porque deixam, principalmente as palestras, mais divertidas.

Quando você, que trabalha em um escritório, pede um objeto a um companheiro de empresa, provavelmente diz: "Por favor, me passa a máquina de calcular". Se vai pedir um favor ao amigo, diz: "Por gentileza, me empresta a máquina fotográfica?"

No basquete, não dá para ser tão cordato. No meio da partida, você não pede uma bola emprestada: "Por favor, me empresta a bola" ou "Por gentileza, passa a bola..." A gente dá logo um berro: "Ca*****..., passa a bola, po***...!!!"

Como eu já disse, tenho muito ainda a contar e a compartilhar com vocês. Quero que este livro seja um sucesso de vendas. Que com ele você possa tirar lições da minha vida para aplicar na sua trajetória. Que você perceba a importância da dedicação, da obstinação, do treino e da vontade de vencer. Que você constate como é possível viver por 32 anos uma carreira de sucesso e aos 45 iniciar e também triunfar em outra atividade.

Quero que você se divirta com as passagens e lambanças que aprontei na minha vida!

Então, chega de papo! Vamos para o jogo!

OSCAR SCHMIDT

A honra de escrever para um mito

Caro leitor, têm atitudes na vida que tomamos pelo impacto que causam, pela emoção que representam, por acreditar no projeto e nas pessoas envolvidas.

Quando Luiz Vasconcelos, presidente da Novo Século Editora, consultou-me sobre escrever um livro sobre Oscar Schmidt, minha resposta foi: "Eu topo!" Respondi de forma curta, grossa e direta! Talvez já por ter incorporado um pouco do jeitão sem rodeios de ser do Oscar.

Depois de atuar como repórter esportivo por vários anos e de cobrir tudo que aconteceu de mais importante no segmento, como Copas do Mundo, Olimpíadas, Copa Libertadores, Campeonatos Brasileiros, entre outros eventos de várias modalidades, resolvi seguir a carreira de escritor. Especializei-me em biografias, livros empreendedores e histórias de sucesso.

Saí do esporte porque entendi que aquilo nada mais me acrescentava. Mas carreguei comigo alguns ídolos. Entre eles, Oscar Schmidt. Sempre o admirei pela garra, perseverança, qualidade, humanismo, capacidade, criatividade, pontaria, determinação, teimosia, amor à família, humor, irreverência, patriotismo...

Como a trajetória de Oscar Schmidt mostra que ele é intenso em tudo o que é, faz e pensa, seu patriotismo mexe com a gente. Ele chora, ri, defende, briga, se emociona e vibra pelo Brasil. Uma prova disso, entre tantas outras que as matérias sobre ele já mostraram, presenciei no primeiro dia em que marcamos de conversar para o livro.

Assim que cheguei ao condomínio em que ele mora, o segurança me indicou como chegar à casa de Oscar. Logo estava na rua e vi algumas casas com a mesma semelhança passada pelo homem: *de tijolinhos à vista*. Olhei as residências e fiquei indeciso.

Mas uma delas tinha a bandeira do Brasil hasteada ao lado da porta de entrada. Não tive dúvidas. Toquei a campainha e... Oscar abre a porta: "Fala, Elias! Chegou bem na hora! Vamos começar o livro!"

Oscar Schmidt tem grande obstinação, palavra de que as pessoas e ele também tanto gostam. Era emocionante ver Oscar Schmidt com o número 14 na camisa, soltar o braço e cerrar os punhos comemorando a cesta.

Particularmente, eu sempre o admirei por ser Oscar Schmidt! Por algumas vezes perguntei: "Por que você chutou de três, Oscar?" Por milhares de vezes eu agradeci: "Graças a Deus que você chutou de três, Oscar!" Acredito que você também, leitora ou leitor, que viu Oscar em quadra, deve pensar da mesma forma ou ter vivido momentos semelhantes. Ele nos proporcionou, por meio do esporte, muito mais alegrias do que tristezas.

Bem, mas se faltasse algum desses componentes, certamente não seria Oscar Schmidt; certamente, não seria o maior ídolo do basquete brasileiro e o maior cestinha da história mundial da modalidade.

Conviver com Oscar Schmidt representa outra grande conquista. Por isso, aceitei quebrar uma regra. Este é o meu 17º livro. Até então, sempre escrevi de forma narrativa, em terceira pessoa.

Mas, como disse, jamais negaria um convite feito para atender Oscar Schmidt, um convite feito pelo meu editor Luiz Vasconcelos.

Então, espero que apreciem este livro que escrevo não para Oscar e sim por Oscar Schmidt! Um livro que escrevo para reforçar a lembrança da marcante trajetória de Oscar Schmidt.

Afinal, como muitos gostam de dizer: "Infelizmente, o Brasil é um país sem memória!" Muito embora seja impossível não se lembrar ou mesmo se esquecer de Oscar Schmidt!

Elias Awad

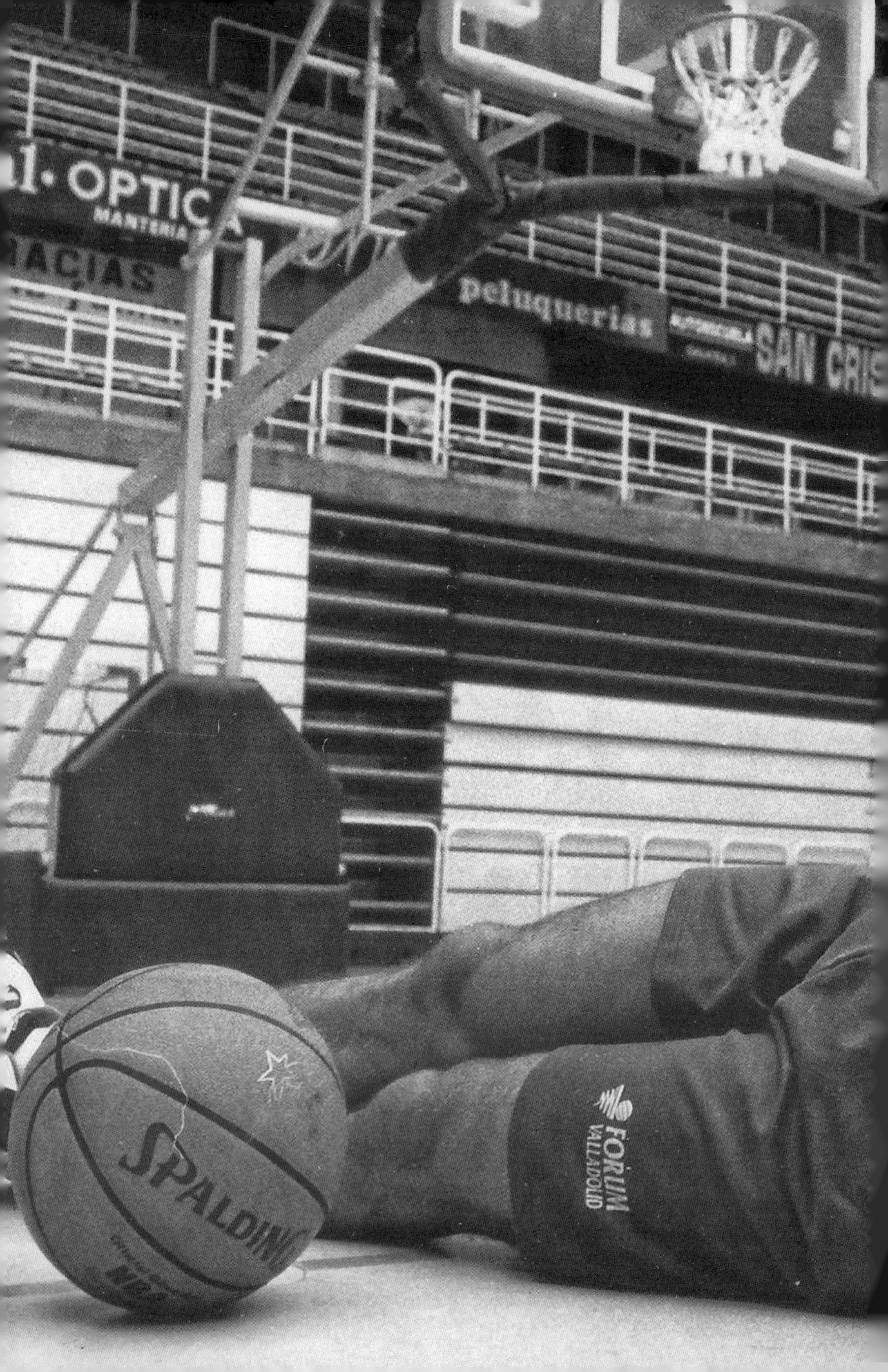
OPTICA
peluquerias
FORUM
VALLADOLID

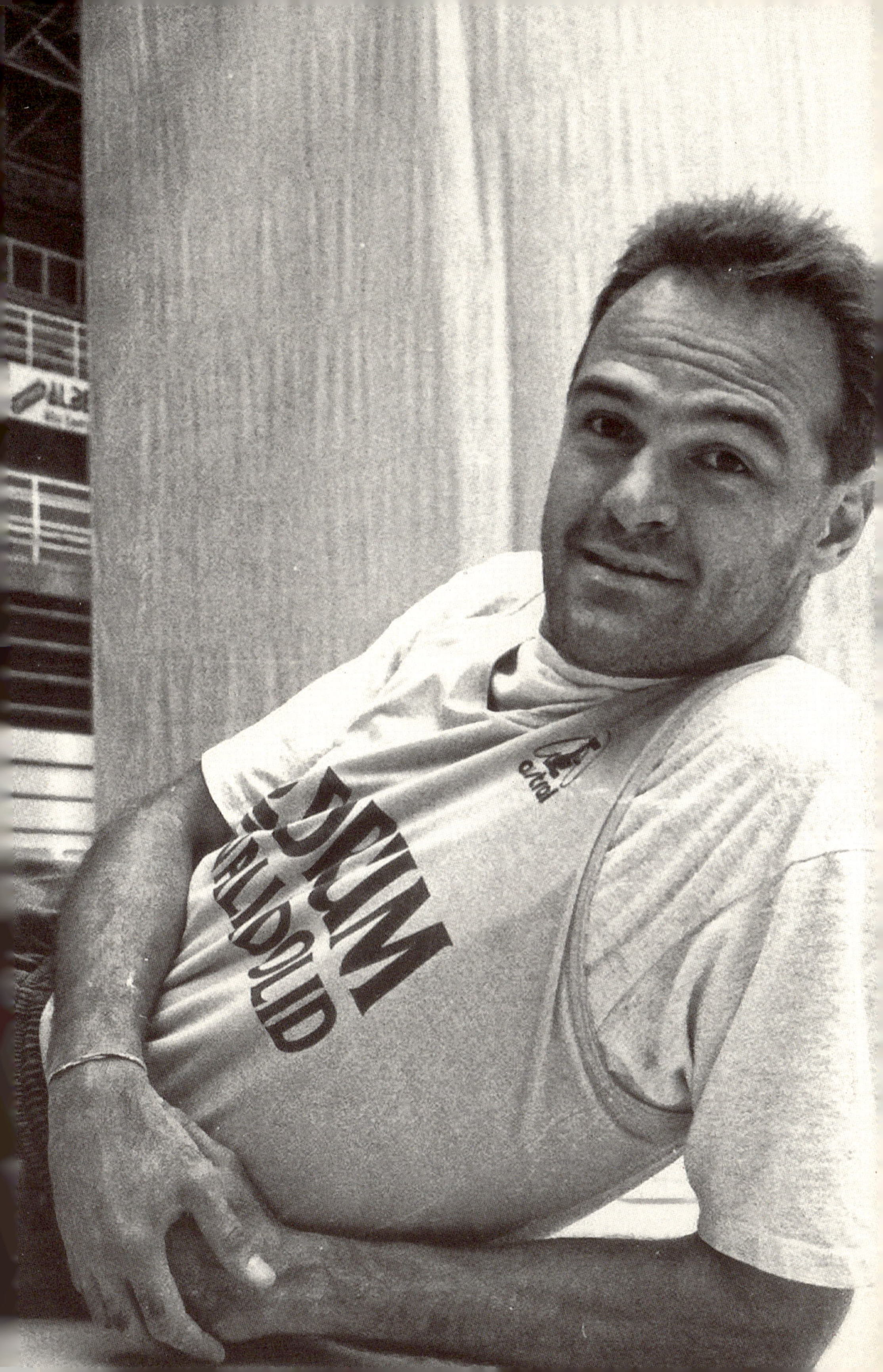

1
DESAFIOS

Nasci em Natal, capital do Rio Grande do Norte. Meu nome completo é Oscar Daniel Bezerra Schmidt. Oscar e Daniel eram os nomes dos pais dos meus avós paternos.

Naquele tempo não existia ultrassom para saber o sexo das crianças. Os casais acertavam no "chute" ou no "risco". A minha mãe escolheu a segunda opção. Por que risco? Ela queria tanto ter uma menina que comprou enxoval cor-de-rosa. Pelo o que ela conta, fui me virando com algumas roupinhas brancas até que as peças cor-de-rosa fossem trocadas pelas azuis!

A primeira imagem que tenho da infância é de quando eu tinha uns 3 para 4 anos. Havia ganhado um jipinho do meu pai, Oswaldo Heini Schmidt. Ele era um homem de grande valor, estudioso e dedicado, de vida regrada, que se formou em Farmácia e se tornou oficial da Marinha. Sua origem era humilde, filho de garçom.

O *seu* Oswaldo, descendente de alemães, sempre foi muito sério, de pouca conversa e brincadeira. Um pai linha-dura; com ele, nada podia. Era complicado receber tantos *nãos* da boca do *seu* Oswaldo. Eu só entendi a essência do estilo de criação do meu pai quando tive filhos. Aí eu me conscientizei da importância de saber dizer *não* aos filhos.

Bem, mas naquele dia o portão do jardim da casa estava aberto. Meu pai tinha ido trabalhar e minha mãe, Janira Bezerra Schmidt, estava comigo, mas entrou para pegar algo. Eu, então, com os pés empurrei os pedais com toda a força que tinha. Não era muita, mas foi suficiente para passar pelo portão e chegar à rua.

Era uma leve descida. De repente, lá estava eu, sentindo o frescor do vento no rosto. Acelerei as pedaladas e comecei a buzinar. O jipinho ganhou velocidade. Em pouco tempo, estava na avenida Almirante Aristides Guilhem, uma das mais movimentadas do centro de Natal.

Andei, ao todo, uns 500 metros, umas cinco quadras. Até que fui resgatado por um rapaz de uniforme branco, da Marinha, conhecido da família. Logo minha mãe chegou, desesperada. Ela chorava e gritava. Nunca a vi num estado tão desesperador.

Eu estava tão eufórico que, conforme contou dona Janira, ficava repetindo: "Eu buzinava e todo o mundo parava o carro e me obedecia...".

Deixando de lado o sofrimento que fiz minha mãe passar, eu vibrava por dentro. A sensação que tive foi a de liberdade, a de que a vida não tinha amarras. O pedal daquele jipinho me deu a certeza de que eu tinha asas. Mesmo que fossem as asas da imaginação, eu poderia voar! Eu poderia realizar sonhos.

Quando somos criança, sonhamos, imaginamos que somos fortes, que somos pássaros, que vamos resgatar e namorar a princesa... Mas aí a gente cresce e destrói os sonhos que construiu. E o pior: passa a ser tão racional que deixa de sonhar.

Eu sempre fui muito precoce. Minha mãe conta que com 7 meses comecei a andar. No meu tempo de infância aquilo não era comum e dona Janira ficou preocupada de que eu pudesse ficar com as pernas tortas. Nada disso aconteceu.

Desde pequeno sempre fui muito alegre. Adorava as brincadeiras de rua: futebol, bolinha de gude, estilingue... Mas meu jogo preferido era o futebol de botão. Como eu era muito bom e ganhava as partidas e os campeonatos, a garotada queria comprar os times que eu fazia: abria e raspava o coco fresco, lixava a casca e fazia os "jogadores".

A garotada pagava o que tinha no bolso por esses times. Ainda bem que não percebiam que o bom mesmo era eu e não os botões. Eu é que tinha técnica e sabia manejá-los muito bem.

Minhas iniciativas empreendedoras me levaram a fabricar, além dos botões, pipas. Adorava empinar pipa e esse era também um jeito de faturar uns trocados para o sorvete.

Sempre fui um dos primeiros colocados na escola. Não dei trabalho aos meus pais. Aliás, essa minha vocação para o esporte vem deles. Fizeram até um acordo: os filhos iriam praticar esporte, para ocupar a cabeça e evitar que se envolvessem com besteiras, drogas. Ambos jogavam vôlei; meu pai defendia o time das Forças Armadas e chegou a ganhar torneios de atletismo, no salto em altura. Sabe, tive sorte de ter tido uma mãe e um pai tão dedicados à criação dos filhos.

Eu adorava jogar futebol, mas era bastante desengonçado, por causa do tamanho. Meus pais e avós eram altos. Meus irmãos são altos. Com 2 anos eu já media um metro de altura e a pediatra anteviu que eu passaria dos dois metros. Ela acertou: tenho 2,05 metros. Por causa da altura, meu pai me matriculou na natação. Eu caía na água e quando tirava o rosto para respirar já estava na metade da piscina. Disputei competições e cheguei a ganhar medalhas.

Em 1971, meu pai foi transferido pela Marinha de Natal para Brasília. Era uma nova vida para a minha família. Mas logo criamos nossa rotina. Até que um dia meu tio Alonso, irmão da minha mãe, justamente pelo meu tamanho, sugeriu que eu começasse a jogar basquete. Ele adorava a modalidade. Por isso, parei de nadar. Eu estava com 13 anos. Entrei no time do Clube

Unidade Vizinhança, cujo técnico era o Zezão. Era assim que a gente o conhecia e o chamava: Zezão!

Eu cresci num ambiente saudável. Papai comprava 150 bananas e 300 laranjas por semana. O vendedor de frutas até chegou a perguntar se ele criava animais, tal o consumo lá de casa.

Meu pai proibia tudo o que era gostoso, mas não o que era nutritivo. Não podia comer bala, chiclete, chocolate, tomar refrigerante... E não é que o Zezão dava aquelas deliciosas guloseimas aos garotos do time? Quando o jogo terminava, ele ainda levava a gente para a lanchonete e pagava um sanduíche e uma Coca-Cola para cada um. Aí... jogar basquete passou a ter várias "vantagens".

No início eu me sentia meio travado, lento em quadra. Mas depois de uns três meses lembro da minha mãe falando: "Meu filho, você tem grande vocação para jogar basquete. Seus olhos brilham quando você fala de basquete".

Coração de mãe sente tudo. A dona Janira estava certa. Comecei a jogar basquete tarde, mas tinha muita força de vontade. No meu quarto tinha uma bola e uma cesta. Eu ficava lá nos momentos de folga arremessando e vibrando a cada cesta que fazia. Sentia que, quanto mais eu arremessava, mais certeiro ficava.

Ali, no meu quarto, tive os primeiros lampejos de que na vida nada acontece por acaso! O segundo veio um ano depois de iniciar no basquete: fui convocado para a seleção de base de Brasília e, na sequência, para a seleção brasileira da categoria.

Também em Brasília aconteceu um fato que certamente mudou a minha trajetória. Eu costumava arremessar segurando a bola de frente para o meu rosto. O Laurindo Miura, que também era da comissão técnica, me chamou e disse: "Oscar, se você arremessar assim, colocará menos força na bola e ainda terá a visão da cesta tampada. Passe a arremessar segurando a bola por detrás da cabeça, na altura da nuca. Você vai ter mais força e visão da cesta, o que melhorará sua pontaria. No início pode parecer difícil, você vai errar bastante, mas começará corretamente".

Santo conselho! O Miura e o Zezão foram meus educadores no basquete, aqueles que prepararam a minha base. Os outros técnicos e o meu empenho elevaram o nível do basquete que eu joguei e me transformaram no atleta que me tornei. Na vida temos de ter nossos mestres, as nossas referências.

Com 16 anos saí de casa para jogar basquete em São Paulo. Acredito que esse sentimento de independência tem me acompanhado durante toda a vida. Isso também me fez ser mais responsável e maduro.

Primeiro recebi um convite para jogar no Sport, de Recife. Meu pai não deixou. Fiquei triste. Era mais um *não* que eu recebia do meu pai. Era mais um *não* para o meu bem que eu recebia dele. Claro que jogar no Sport seria maravilhoso, mas logo outra porta ainda mais promissora se abriu. E, para essa, ele disse *sim*!

Um dirigente do Palmeiras foi conversar com os meus pais para me levar para a equipe infantojuvenil do clube. O homem contou da estrutura do time e dos jogadores da equipe. Quando ele disse o nome "Ubiratan", minha vontade foi a de fazer as malas e ir na mesma hora com ele para São Paulo. O Ubiratan, pivô campeão mundial em 1963 e medalha de bronze na Olimpíada de Tóquio, em 1964, era meu grande ídolo!

Minha mãe estava grávida do meu irmão Tadeu; era uma gravidez de risco que a deixou bastante abalada emocionalmente. Acho que até por isso ela nem se deu conta de que eu estava saindo de casa. A dona Janira apenas chorava e me desejava boa sorte.

Eu tenho dois irmãos. Um é o Felipe, que seguiu os passos do meu pai na carreira militar e se tornou piloto de helicóptero e prático de navio da Marinha. O outro é o Tadeu Schmidt, jornalista e apresentador da TV Globo; antes ele era o meu irmão, hoje eu é que sou o irmão dele.

Meu pai agiu racionalmente e aprovou que eu fosse para São Paulo, com a condição de continuar estudando. Ali aprendi que na vida temos de nos submeter às condições impostas quando queremos seguir o caminho que escolhemos. Morar sozinho ajudou a construir o meu caráter forte; aprendi a me virar, a reivindicar e a não cair nas tentações que aparecem quando somos jovens.

Nossa condição financeira era simples. Como meus pais não tinham onde ficar em São Paulo, era difícil que eles viessem me visitar. Quanto ao basquete, tudo ia bem, mas eu não recebia o salário no dia certo. Aquilo me deixou numa condição terrível. Nem dinheiro para comer eu tinha.

Não tive escolha: contei ao meu pai. Ele ficou muito bravo e ameaçou vir me buscar em São Paulo. Eu não queria ir embora! Só esperava receber o salário. Até que decidi conversar com o diretor, o João Marino. Ele nem imaginava o que estava acontecendo e prometeu resolver tudo.

E realmente resolveu! Acertou o salário, me deu aumento e ainda conversou com meu pai, por telefone, dispondo-se a assumir o papel dele em São Paulo. Outra vez, o João Marino cumpriu o que havia prometido. Um homem íntegro que foi muito importante na minha vida, principalmente naquele início de carreira. Gratidão é algo que a gente jamais deve esquecer.

Assim que cheguei ao clube, fui apresentado ao meu colega de quarto na república em que moravam os jogadores, Francisco Carlos Bonfim Bandeira, o Chicão. Ele era de Salvador, na Bahia, e se tornou o meu irmão negro.

Logo estreei na seleção brasileira juvenil. Era um time de primeira: Marcel, Chicão, Gílson, Saiane (José Carlos Santos Saiane, também apelidado de Zé Galinha) e eu. Aquela geração revolucionou o basquete brasileiro. Com 19 anos fiz minha estreia na seleção principal, convocado pelo técnico Edson Bispo dos Santos.

Duas vezes por ano, em julho e dezembro, fazíamos excursões para a Europa com o Palmeiras. Na época eu era pivô. O técnico do time, o norte-americano Bill Klucas, promoveu a segunda mudança significativa na minha carreira: deixei de ser pivô para jogar como ala, pela facilidade que eu tinha de arremessar, principalmente de longe. A cesta de três pontos, que já era válida na NBA, foi adotada, em 1979, na regra da Fiba, Federação Internacional de Basquete.

Mas, antes disso, quando estava com 17 anos, sofri uma contusão gravíssima. Rompi os ligamentos do tornozelo e a tíbia separou da fíbula. O médico disse que talvez eu não pudesse mais jogar. Perdi um ano da carreira. Fiquei imobilizado por três meses, sem poder encostar o pé no chão.

O doutor disse também que a minha perna poderia atrofiar e mandou fazer exercício para a coxa. O que falavam eu fazia. Depois do almoço, eu sentava num banco e ficava por horas mexendo a perna. Eu pensava: "Essa perna não vai atrofiar nem a pau".

Em frente à nossa república veio morar uma família, na qual havia uma menina loirinha que me chamava a atenção. Diariamente ela passava em frente ao banco no qual eu ficava me exercitando. Eu mexia com ela. Cumprimentava, dizia "Oi!", mas a moça nem me dava bola.

Entrei no Mackenzie e comecei a cursar Economia. A loirinha também estudava no Mackenzie. Às vezes, íamos no mesmo ônibus para a faculdade. Ao final das aulas, eu voltava para a república de atletas, na Pompeia. Todos os dias eu saía de casa para pegar o ônibus às seis da manhã; tinha que andar de muleta e ainda levar aquele material pesado. Era um sufoco.

Certo dia, numa das idas para o Mackenzie, eu estava todo atrapalhado, tentando equilibrar meu corpo e o material para não cair. Eis que surge um anjo. Era a loirinha que, sensibilizada, se prontificou a me ajudar. Nossa... como meu coração batia rápido. Eu só agradeci e fiquei olhando para ela por alguns segundos, incrédulo ante aquilo que realmente estava acontecendo. Perguntei seu nome. "Cristina", disse a moça. Estávamos em 1975!

Nasceu uma amizade entre a gente. A amizade fortaleceu e... virou namoro. No início, a mãe dela marcava sob pressão, mas depois pegou confiança em mim.

Costumava dormir cedo. Certa noite, perdi o sono. Acordei o Chicão, meu colega de quarto, e contei a ele que não estava bem. Sentia uma forte dor no coração. Se eu fosse mais experiente, saberia que aquela dor era na verdade o amor que eu sentia pela loirinha. Nada que a medicina pudesse resolver.

Não precisou de muito tempo para que eu descobrisse. Pulei da cama, abri a janela do quarto, que ficava de frente à casa dela, estufei o peito e gritei: "Cristina, eu te amo!" Ela abriu a janela, acenou e sorriu para mim. Mas não sei se a família dela achou tanta graça...

Quando eu e a Cris estávamos com 23 anos, decidimos nos casar. Ela cursava o quarto ano da faculdade. Tinha um dirigente do Palmeiras que quando nos via juntos falava para a Cris: "Pode aparecer uma *miss* universo que o Oscar não quer saber. Ele ama você"!

Eu projetava como seria nossa vida de matrimônio e torcia para que tivesse o mesmo sucesso da relação dos meus pais. Um casal lindo, sempre apaixonado. Ficaram casados por 56 anos. Meu pai faleceu em 2013. Tinham personalidades opostas. Eu puxei a minha mãe, que é mais explosiva, estourada e também chorona. Meu pai era um alemão enérgico, mas calmo.

Depois que nos casamos, em 14 de maio de 1981, recebi uma proposta para jogar na Itália. Quem pediu minha contratação foi o técnico Bogdan Tanjevic, nascido na extinta Iugoslávia e se naturalizado italiano.

Àquela altura eu já jogava pelo Sírio, onde fiquei de 1978 a 1982, e enfrentamos o time dele, o KK Bosna, de Sarajevo, na última rodada da Copa William Jones, o Mundial Interclubes. Vencemos por 100 a 98 num jogo dramático. Fomos campeões e eles, vice. A competição aconteceu em 1979, no Ginásio do Ibirapuera, em São Paulo.

Meus companheiros e eu fizemos uma grande partida, mas me destaquei demais: gritei, chutei de todo lugar da quadra, marquei muitos pontos, vibrei e chorei durante o jogo... foi incrível. Quando conquistamos o título, eu vibrava e chorava ainda mais!

Depois o Tanjevic me contou que quando pediu a minha contratação aos dirigentes do Caserta justificou assim a indicação: "Quero o Oscar no meu time! Ele é como um caminhão, forte e devastador! Emoção pura! Chora e joga muito!"

No primeiro dia de trabalho no time italiano, o Tanjevic me chamou num canto e disse: "Oscar, você agora atua num país novo, a Itália. Aqui você não é nativo, mas estrangeiro. Coloque uma coisa na sua cabeça: em quadra, quem tem de jogar bem é o atleta italiano. Já o estrangeiro não pode simplesmente jogar bem. Ele tem de fazer milagre!"

Não é muito diferente do que acontece com quem é contratado por uma empresa. O novo funcionário tem de chegar e abafar, arrasar! Se não, vão dizer: "Para o cara chegar e fazer isso, era melhor ficar com o que tínhamos aqui...".

Bem, o recado do Tanjevic foi dado, entendido e assimilado por mim! Eu me lembrava daquelas palavras cada vez que ia começar um jogo pelo campeonato italiano e até mesmo no espanhol, onde joguei anos mais tarde.

Atuei 13 anos fora do Brasil, 11 na Itália e dois na Espanha. Na Itália nasceram meus dois filhos: o Felipe e a Stephanie. Até hoje a Cristina se lembra das horas que antecederam o nascimento do Felipe e diz gargalhando: "Esse é o Oscar que eu conheço...".

Vou contar o motivo. A Cris começou a sentir dores e corremos para o hospital. Era perto das oito horas da manhã. Chegamos lá e o médico disse: "Bem, vamos cuidar dela e prepará-la, mas o parto ainda levará algumas horas".

Quando ouvi isso, não tive dúvida. Perguntei: "Dá tempo de treinar e voltar para ver o parto?" O médico deu sinal verde! Dei um beijo na Cris, peguei o carro e corri para o ginásio. Era véspera de um jogo importante. Treinei bastante, fiz meus arremessos depois do treino e voltei para acompanhar o nascimento do meu filho.

Ufa, deu tempo! Que emoção! Inclusive, ajudei no parto. A Cris optou pelo parto natural. Na hora que ouvi o choro, o médico falou: "È un ragazzo!" ("É um rapazinho!").

No dia seguinte, meu time disputaria a semifinal da Copa Europeia. Se eu treinei no dia do parto, imagine, então, se não fui jogar no primeiro dia de vida do meu filho!

Isso representa um momento incrível da minha história. Ganhamos do Zalgires Kalnas, time onde jogava o lituano Sabonis (Arvydas Sabonis), pivô de 2,21 metros de altura. Recebi várias homenagens. Saí do ginásio com um caminhão de flores. Havia nove mil pessoas gritando o nome do pequeno: "Felipe! Felipe! Felipe!"

No dia seguinte, escreveram o nome dele na calçada e nas paredes do prédio onde a gente morava. Que povo carinhoso!

2
COMPETITIVIDADE E POSICIONAMENTO

Essa eu ouvi em Brasília, quando ainda era garoto. O técnico Zezão disse: "Oscar, se quiser ser um excelente (grande eu já era) jogador de basquete, você precisa dormir com a bola".

Agradeci pelo ensinamento. Na mesma noite, entrei no quarto, coloquei o pijama, escovei os dentes, peguei a bola de basquete, deitei, abracei a redonda e "pegamos" no sono...

Fiz isso uma, duas semanas seguidas, mas não sentia nenhuma mudança no treino e no jogo. Caiu a ficha. Eu não havia entendido a metáfora! Dormir com a bola era ter uma entrega total ao basquete e não levá-la comigo para a cama.

Aprendi com isso que precisamos fazer leituras corretas daquilo que nos dizem e que a vida busca nos mostrar. Nunca mais eu dormi com a bola, mas a partir dali jamais deixei de treinar mais do que qualquer atleta deste mundo, para buscar ser o melhor, o mais eficiente, o mais certeiro, o mais competitivo! Tanto que quando passei a jogar na equipe adulta do Palmeiras eu era pivô, como o meu ídolo Ubiratan. O respeito, a admiração e a idolatria continuaram a existir. Mas eu precisava lutar pelos meus ideais. Eu queria ser titular, mesmo que para isso eu tivesse de disputar a posição com o Ubiratan. Foi o que eu fiz e levei a melhor!

Quando passei a fazer palestras, eu também "dormi" com o meu computador. Investi naqueles que eram os mais avançados e sofisticados equipamentos, me aprimorei com os melhores consultores, pesquisei, treinei, ensaiei, criei... EVOLUÍ!

Tornei-me o maior cestinha do basquete mundial com 49.737 pontos em 1.615 jogos! Fui eleito o melhor palestrante do Brasil em 2013! Em vez da bola, passei a dormir com a consciência tranquila por sempre ter feito o melhor pela minha carreira, pelo meu clube, pelo meu país.

Por isso, se me encontrar por aí, não ouse dizer que eu tive sorte na vida. Nenhuma estrela caiu no meu colo. Todas as estrelas que eu conquistei tive de buscar lá no céu! Isso sim é uma metáfora. Use-a como melhor lhe convier.

Ainda sobre sorte, quero dizer que não conheci nenhum fracassado com sorte. Curiosamente, a sorte só aparece para os vencedores, para as pessoas de sucesso. Para aqueles que se empenham e perseveram. Para os que têm metas e objetivos, e lutam para realizá-los.

Alguns também podem encarar isso como metáfora, mas essa é a pura realidade! Querer ter "sorte" é uma questão de opção! "Azar" também. Para a primeira é necessário muita energia. Para o segundo, nem tanto!

No início ou no fim da carreira, sempre fui o primeiro a chegar e o último a sair do treino. Depois que o técnico encerrava o trabalho, eu ainda ficava por um longo tempo arremessando lances livres, bolas de dois e principalmente de três pontos. Treinava de todo jeito.

Enquanto eu transpirava e me dedicava em quadra, via jogadores mais jovens indo embora. Falavam que estavam cansados, que tinham compromisso... E eu lá, arremessando! Na cabeça deles, a missão estava cumprida. Por isso, eram iguais aos outros. Não se destacavam, não tinham diferenciais. Eram bons jogadores, e só!

Mas eu os provocava. Eles iam caminhando para a saída e eu gritava: "Vou arremessar cem bolas para você. Amanhã você vai estar treinado". O cara ia embora, não voltava. Mas ia pensando naquilo. No outro dia, ele ficava mais um pouquinho depois do treino. Havia captado a mensagem. Críticas construtivas são sempre bem-vindas. Faça-as e receba-as sem prescrição médica!

Depois eu inventei que só iria embora se acertasse 23 arremessos de três pontos seguidos. Teve uma vez que eu fiquei uma hora e meia para acertar as 23 cestas. Eu não roubava; se errasse no 17º ou no 20º lance, começava a contagem novamente. No meu último ano de basquete bati meu recorde: 90 cestas consecutivas. Eu jogava pelo Flamengo. O time todo ficou quieto, assistindo aos meus arremessos. Errei apenas na bola 91. Olhei para o grupo e eles começaram a bater palmas e a me ovacionar.

Eu treinei muito enquanto joguei basquete, até os 45 anos. Ah... Teve uma vez que por causa de uma brincadeira do Ratto – André Luis Guimarães Fonseca –, querido amigo e armador que jogou comigo em clubes e na seleção, treinamos dez horas seguidas, das dez da manhã às oito da noite. Nesse intervalo, só paramos por 15 minutos para comer um lanche e meia hora para tomar banho.

Vou contar o que provocou aquilo. Naquele dia, eu estava tão cansado que não arremessei nenhuma bola depois do treino. Para me provocar, o Ratto repetiu as palavras que eu dizia quando via algum companheiro saindo da quadra logo depois do treino, "Vou arremessar cem bolas para você. Amanhã você vai estar treinado", e começou a gargalhar, deixando claro que era brincadeira.

Mas o Ratto, que era muito próximo de mim, estava sempre ao meu lado e dividia comigo o quarto nas concentrações, tanto que o apelidaram de *chaveirinho*, mexeu com o cara errado. Depois que ele terminou de gargalhar, eu mandei essa: "Ratto, vamos fazer melhor ainda: você só vai embora quando eu for também. Aliás, o time todo só vai embora quando eu terminar de treinar".

Os atletas estavam cheios de compromissos e eu não deixei ninguém sair. Apenas um deles conseguiu escapar, o pivô Olívia – Carlos Henrique Rodrigues do Nascimento. Mandei chamá-lo de volta para a quadra.

Sem que eles percebessem, liguei para a minha esposa e disse: "Cris, o treino de hoje vai longe. Passe na lanchonete do Flamengo. Compre tudo o que você encontrar de comida e traga para a quadra".

Isso era por volta do meio-dia. Na primeira hora, todo mundo rindo e treinando firme. Na segunda hora, bateu a desconfiança neles. Entramos na terceira hora e todo mundo me xingava. Invadimos a quarta hora de treino: agora, eles se mostravam orgulhosos. Às cinco e meia da tarde, eu os liberei para tomar banho e comer o lanche, mas avisei que retomaríamos o treino das seis às oito da noite.

O Miguel Ângelo da Luz era o nosso técnico. Quando ele chegou ao ginásio, contaram a história para ele. O Miguel preferiu aliviar e comandou um enorme rachão, que são aqueles jogos descontraídos entre o grupo, dividindo-o em dois times escolhidos a dedo. Nos rachões a gente dava muitas risadas, pois quem vence ou faz uma finta desconcertante tira muito sarro do adversário.

Pois... quase ninguém errou arremesso no treino. Depois eles me deram razão de treinar tanto. Quando isso aconteceu, eu jogava pelo Flamengo e tinha 44 anos. Paguei caro por aquilo: fiquei uma semana com o corpo quebrado, mal conseguia andar. Mas todos os dias eu estava lá, superando a dor, treinando com o time e também sozinho nos arremessos.

Treinar muito... Fiz isso direto nos clubes pelos quais passei, dentro e fora do Brasil, e na seleção. O meu exemplo pesava.

A equipe técnica, os companheiros, a imprensa e a torcida viam que eu treinava o dia inteiro. Não fazia isso para impressionar, mas para melhorar, crescer, evoluir.

Por várias vezes me perguntaram: "Por que você nunca foi técnico?" Essa não é a minha vocação. Se eu fosse técnico, arrebentaria meu time de tanto treinar. Além do mais, eu queria desenvolver outras atividades e, se continuasse no basquete, a rotina do trabalho consumiria todo o meu dia: treinaríamos duas vezes por dia, viagens nacionais e internacionais, jogos à noite e nos finais de semana e tudo o mais que envolve o dia a dia de um time de basquete.

Gosto de ter liberdade para me expressar, para falar dos erros, dos acertos, da política da modalidade e de tudo o que está ao meu redor. Como técnico isso nem sempre é possível. Tanto que, quando montei um time no Rio de Janeiro, o Telemar, em 2003, nosso técnico era o Miguel Ângelo da Luz, o mesmo que comandava o grupo quando eu jogava pelo Flamengo.

Eu me coloquei como dirigente. Assim, pude bater de frente com quem tentou atrapalhar o nosso caminho. Ganhamos os campeonatos carioca e brasileiro na temporada, mas na seguinte nos proibiram de jogar o sul-americano. Sabe por quê? Estávamos disputando competições da Nossa Liga de Basquete (NLB), que ajudei a criar em 2005 justamente para acabar com certos desmandos da Confederação Brasileira de Basquete (CBB).

Entramos com inúmeras ações na Justiça para garantir os nossos direitos. Se eu fosse o técnico da equipe, não poderia tomar tal atitude.

Outra situação em que eu pude atuar com liberdade, justamente por ser exclusivamente dirigente: durante a disputa do campeonato carioca com o grupo da Telemar, íamos enfrentar o Cabo Frio, equipe que não estava entre as forças da competição. Perguntei aos jogadores qual seria o placar. De forma unânime, os jogadores responderam: "Ganharemos o jogo e eles não fazem mais do que 40 pontos em nós!" Não aguentei a possibilidade de provocá-los: "Já que estão tão confiantes assim, se o adversário fizer 41 pontos, vamos treinar depois do jogo".

Todos toparam a aposta! O time voou em quadra. Nos segundos finais, sabe qual era o placar? Estava 130 a 38 para nós! Eu nunca vi um jogo tão decidido. Mesmo assim, no banco os reservas gritavam e em quadra os jogadores do meu time marcavam pressão! Clima de final de Olimpíadas, de final de mundial!

Lembra-se da aposta? Se o Cabo Frio fizesse 41 pontos, eles iriam treinar depois do jogo. Pois bem... no finalzinho da partida o jogador adversário solta o braço numa bola de três. Eu acompanhei o trajeto da bola com os olhos. Torci contra, mas de nada adiantou. Cesta para o Cabo Frio! Quarenta e um pontos para o Cabo Frio!

Aquilo parecia clima de derrota de título. Acabou o jogo. Ainda via de longe um ou outro jogador do meu time balançando negativamente a cabeça, como quem diz: "O Oscar não vai levar nossa aposta a sério...".

Pois aprenda uma coisa: na vida, o líder tem de ter palavra! Se você prometeu um benefício ao grupo na conquista de metas e resultados positivos, cumpra a palavra! Em contrapartida, se você prometeu penalizar o grupo pela falta de uma meta ou resultado alcançado, cumpra a palavra! Isso vale também em tudo na vida, principalmente na criação dos filhos.

Terminado o jogo, fui ao vestiário cumprimentá-los. Claro, haviam conquistado uma vitória maiúscula! Parabenizei mesmo. Eles sorriam, vibravam, talvez até na tentativa de fazer-me esquecer a aposta.

Vou confessar: estava com o coração partido, mas não tinha outro jeito: "Pessoal, temos um trato e vocês sabem bem qual é! Então, podem tomar banho e colocar roupa de treino. Vamos voltar para a quadra".

Se eu não fizesse aquilo, eles nunca mais iriam acreditar em mim. A competição, interna e externa, é parte integrante do esporte de alto rendimento.

Eles acataram e treinaram firme. Daquele dia em diante, adversário sem tanta expressão, para marcar mais de 40 pontos em nosso time, tinha de suar muito a camisa. Ganhamos o campeonato carioca até com certa facilidade.

Era hora de recompensá-los: tiveram um mês de férias! Os jogadores mereciam. A comissão técnica e eu só pedimos que eles não voltassem acima do peso, pois teríamos apenas uma semana para treinar antes da estreia no campeonato brasileiro.

Vencemos as cinco primeiras partidas. As duas partidas seguintes, em Franca e Ribeirão Preto, mesmo jogando bem, nós perdemos. Era hora de dar um puxão de orelhas. Assim que voltamos para o Rio de Janeiro, eu disse a eles: "Nada de ir para casa. Vamos treinar". Ninguém reclamou. Treinaram naquela tarde e à noite.

Conclusão: o time embalou! Engrenamos uma série de vitórias. Nos confrontos de *playoffs*, vencemos as quartas e a semifinal por 3 a 0. Na final, enfrentamos a equipe de Uberlândia. Vencemos as duas primeiras em casa. Depois, faríamos até duas partidas na casa do adversário e, se o *playoff* estivesse empatado, decidiríamos o quinto jogo em casa.

Perdemos a terceira partida e fomos humilhados como seres humanos; a torcida nos ofendeu demais. No dia seguinte, faríamos o quarto jogo do *playoff*. O time de Uberlândia estava motivadíssimo e queria empatar o confronto. Seria outra pedreira.

Eu tinha descoberto uma brecha no regulamento que dizia: "Não pode haver ninguém atrás das tabelas". E havia um bar justamente nas costas de uma delas! Era só do que eu precisava para tirar o foco do adversário da disputa. Chamei a comissão técnica e o grupo de atletas antes de começar a partida para um conversa reservada. Pedi a eles concentração máxima, porque eu iria armar um "barraco".

Fotografei e registrei o fato. Entrei em quadra para falar com os juízes. A torcida soltava aqueles impropérios. Você já deve imaginar do que me chamavam... A minha mãe, dona Janira, que nada tinha a ver com aquilo, foi muito lembrada...

Falei para os árbitros: "Se não tirarem as pessoas de trás das tabelas, nós não vamos jogar. Ou fecha o bar, ou não tem jogo!" Apresentei minha solicitação também à TV que iria transmitir a partida. Enquanto isso, eu ajudava a comissão técnica a motivar os meus jogadores, para que se mantivessem concentrados e se movimentando em quadra.

O início da partida atrasou mais de uma hora. Estávamos focados, prontos para jogar a qualquer momento. A equipe adversária estava p*** da vida comigo. Enfim, a disputa começou. Ganhamos por mais de 20 pontos de diferença. Batemos todos os recordes do torneio e nos sagramos campeões.

Tem gente que não tem coragem de assumir certas posturas. Eu tenho. Direitos e deveres fazem parte da nossa vida. Cumpra à risca os seus deveres. Lute pelos seus direitos. Nem todos aceitarão as suas reivindicações. Algumas pessoas até se afastaram de mim porque durante a minha trajetória fiz valer os meus direitos e os da minha equipe. O importante é agir dentro daquilo que é justo e nos deixa com a consciência tranquila.

Afinal, como disse certa vez e de forma sábia o ex-presidente norte-americano John Kennedy: "Eu não sei o caminho para o sucesso; mas, sem dúvida, o caminho para o fracasso é querer agradar a todos".

Eu acredito nisso em gênero, número e grau!

3
OBSTINAÇÃO

"Oscar, você nasceu para jogar basquete!"

Cansei de ouvir isso! Pura balela, besteira! Ninguém escolhe quando, onde e como vai nascer. E se eu tivesse nascido na Idade Média, entre os séculos 5 e 15, o que eu ia fazer na vida? Afinal, o basquete foi criado pelo norte-americano James Naismith no século 19, no ano de 1891!

Eu não nasci para jogar basquete! Eu descobri o basquete com 13 anos e com obstinação construí a carreira que vocês conhecem! Tudo aconteceu na base da dedicação, do empenho, da superação. Treinava dez, 12 horas por dia. Treinava e jogava no mesmo dia. Cheguei a disputar quatro partidas num mesmo dia.

Na seleção, treinávamos em dois períodos. E eu já estava na quadra do ginásio duas horas antes de cada treino. A Cris ia comigo para me ajudar; ela passava a bola e eu chutava. Eram mil arremessos diariamente.

Quando eu estava no Palmeiras, chegamos a perder algumas partidas em que achei que não tinha jogado bem. Em vez de ir embora depois do jogo, eu pedia para deixar o ginásio aberto e aceso. Sabe por quê? Eu voltava para a quadra e treinava.

Nas primeiras vezes em que fui convocado para a seleção, quando o técnico era o Ary Vidal, ele me disse: "Oscar, quero ter você como curinga, entrando no lugar de qualquer jogador". Topei a missão e disse ao Ary: "Pode contar comigo. Quero jogar, me arruma um lugar no time".

O Ary gostou do que ouviu e sorriu. Realmente, ele me colocava bastante em quadra. Mas eu mostrava a cara. Na hora da responsabilidade, tem quem aparece e se apresenta ao desafio, mas também quem olha para o lado e se faz de desentendido.

Eu ficava no banco, marcando o Ary Vidal sob pressão. Não tirava os olhos dele. E ele percebia isso. Durante o jogo, quando o Ary levantava do banco, eu pulava e me postava ao lado dele, atento a todo movimento que ele fazia, como que querendo entrar na partida.

Coloque-se no lugar do Ary: na hora de escolher alguém para resolver uma questão, você quer um jogador apático, bocejando, desligado da partida, de mal com a vida porque está no banco, ou quer um cara com sangue nos olhos? Isso vale para o líder ou liderado de uma equipe. Se você é o líder, selecione aqueles com sangue nos olhos; se você é liderado, demonstre sangue nos olhos.

O tipo de perfil do Ary Vidal era o de quem gosta de arriscar. Eu admiro pessoas assim porque também entendo que o risco traz oportunidades. Não o risco inconsequente, mas aquele em que você estuda a situação, conhece extremamente o que faz, idealiza Planos A, B e C.

Nessa minha vida de obstinação a tudo o que eu faço e amo, seja a família, o basquete, as palestras, os amigos, tive duas grandes visões na vida. Posso dizer que são situações em que me senti conversando com Deus.

A primeira aconteceu em 1971, aos 13 anos, quando recebi Dele, em forma de sentimento, a seguinte certeza: "Vou ser um dos melhores jogadores de basquete do mundo". Aquilo era utopia! Então, restava a mim transformar em realidade. Deus me mostrou o caminho, e eu o percorri com perfeição.

A segunda veio em 2003, quando parei de jogar basquete e estava em busca de uma nova atividade. Ele me deu uma certeza no coração: "Vou ser um dos melhores palestrantes do Brasil". Outra vez o caminho foi apresentado; outra vez o meu sonho, a minha meta se concretizou.

Sabe... o meu pai, apesar de ter me levado para o basquete, me questionava sobre o interesse em ser jogador profissional. Ele queria que eu prestasse concurso para o Banco do Brasil, onde poderia me tornar gerente. Essa era uma carreira de prestígio no passado. Mas eu respondia: "Pai, isso não me desperta paixão, não me encanta! Eu quero jogar basquete!"

Talvez aí esteja o início da minha obstinação pelo basquete. Sim, pois os obstinados como eu têm certa dose de teimosia. Quando colocam uma coisa na cabeça, não há quem tire. Os obstinados só sossegam depois de realizar aquilo que objetivaram.

Outra característica: os obstinados nunca estão contentes com o que conquistaram, querem sempre mais. Não no sentido de conquistar por ganância, mas no sentido de melhorar, crescer, aprender, evoluir e continuar vencendo.

Muitos confundem obstinação com coragem. Em quadra, eu queria bola, eu queria jogo. Quando não recebia bola, eu xingava o armador, ia brigar pelos rebotes no garrafão e fazia pontos.

Por várias vezes eu fui questionado, por torcedores ou pela imprensa, com a seguinte pergunta: "Oscar, como você tem coragem de fazer certos arremessos que, para muitos técnicos, são precipitados? Um exemplo é arremessar mesmo estando marcado por dois jogadores". E eu respondia: "Ora... isso não é excesso de coragem, mas de treino! Para mim, qualquer tipo de arremesso é bom, pois eu treino todos eles. Eu me imagino nas mais diversas e adversas situações e chuto de todas elas. Inclusive arremessando quando estou marcado por mais de um jogador".

Há também uma explicação: eu não era um arremessador e sim um finalizador, um realizador. A bola de segurança tinha de ser minha ou do outro ala. Por muitos anos, tanto na seleção quanto em clubes, joguei com o Marcel – Marcel Ramon Ponikwar de Souza – outro obstinado e grande finalizador.

Quem carrega o peso da responsabilidade, o da decisão, tem de se acostumar com a cobrança; precisa aparecer na hora da dificuldade. Por isso, não basta querer ser líder. Tem de estar preparado para exercer determinadas funções e tomar certas atitudes, como as de cobrar resultados e também de ser cobrado por eles.

Resultados... É nisso que tudo se resume... Houve partidas em que eu marquei mais de 40, 45 pontos e meu time perdeu. A derrota encobria o meu desempenho. Quer um exemplo? Na Itália, os jornalistas eram severos demais nas críticas. Teve uma final que a minha equipe perdeu de 3 a 0 nos *playoffs*. Nas três partidas fui o cestinha com média de mais de 40 pontos.

Aí fomos para a coletiva. Obviamente que eu, como destaque do time, tinha que estar lá para receber e rebater críticas. E vem a primeira pergunta do repórter italiano: "Você é o grande nome do time. Sua equipe perde por 3 a 0 e você não consegue deixar uma marca?"

Perceberam? Eu e meus companheiros, uns mais, outros menos, fizemos a nossa parte nos três jogos. Fui o cestinha em todas as partidas e tive uma média altíssima de pontos. Mas a derrota levou o sujeito a dizer que eu não deixei uma marca.

Avalio isso como uma atitude irresponsável, que me tira do sério! Crítica construtiva eu aceito, respeito e avalio. Agora, abrir a boca e falar bobagem só pela emoção, não dá para aguentar.

Às vezes eu estava em casa lendo jornal, vendo TV ou ouvindo rádio e subia nas paredes com os comentários. Ficava bem nervoso. Nessa hora, a Cris entrava na parada: tomava o jornal das minhas mãos, desligava o rádio ou a TV e falava para eu não me deixar levar pelas críticas e tomar aquilo como estímulo para treinar ainda mais. A Cris, que me deu dois filhos maravilhosos, é a maior conquista da minha vida! A baixinha é danada mesmo. Aliás, para mim, com 2,05 metros de altura, quase todo mundo é baixinho.

Em compensação, fiz partidas memoráveis e muito mais marcantes do que aquela em que vencemos os Estados Unidos na casa deles, em Indianápolis. Era a decisão do Panamericano de 1987. O resultado foi 120 a 115; os Estados Unidos nunca tinham levado mais de cem pontos numa competição oficial. Marquei 46 pontos, quase 40% das nossas cestas. O Marcel foi um gigante, marcou 31 pontos. Na verdade, todos foram incríveis: o roupeiro, o massagista, a comissão técnica, os jogadores e os dirigentes.

Além dos 46 pontos, outros fatores chamaram a atenção da mídia e do público. Eu provoquei os norte-americanos, mandando-os chutar de longe. Gritei, soquei o ar, convoquei a torcida, marquei, ganhei rebote, liderei, fui liderado, chorei e sorri!

Mas não foram apenas os 46 pontos e todos aqueles fatores que acabei de relacionar que ajudaram a seleção brasileira, a mim e aos meus companheiros a entrarmos para a história do basquete brasileiro e mundial.

O "bolo" era saboroso, com massa deliciosa, recheio deslumbrante, visual de dar água na boca... Mas a cereja do bolo se chama VITÓRIA! De nada adiantaria fazer tudo aquilo e perder a final para os Estados Unidos. Seria mais um "quase chegaram..." ou "deu a lógica...".

Você deve saber bem do que estou falando. Você também tem seu desempenho medido pelos resultados. Quando bate a meta, independentemente do esforço empenhado, é um "REI". Quando não bate a meta, mesmo que tenha sido um "LEÃO em campo", vira um "plebeuzinho", um "gatinho" bem minúsculo.

Essa é a regra! Adapte-se a ela ou estará fora do jogo!

Outra característica dos obstinados: estar sempre pronto para o desafio, não fugir da raia. Os obstinados são os que mais se dedicam e os que menos faltam ao trabalho. Em 13 anos de Europa eu só deixei de disputar quatro partidas; foram 11 anos na Itália, oito pelo Caserta e três no Pavia, e dois na equipe espanhola Forum/Valladolid. Eu escondia contusão e me automedicava. Nem sei se é certo fazer isso, mas eu fazia. Queria estar em quadra e não na arquibancada ou em casa.

Teve uma vez na Itália em que eu quebrei a mão direita durante a partida. De tão inchada, ficou do tamanho de um melão. Sabe o que eu fiz? Comecei a jogar com a esquerda. O time estava perdendo e precisava de mim. No segundo tempo, mesmo sem tomar nenhum anestésico, comecei a arremessar também com a mão direita. Ainda fiz a cesta decisiva do jogo, a que nos deu a vitória. Voltei a Caserta e engessei o braço. Mas não fiquei sem treinar. Apesar do gesso, todos os dias eu estava em quadra com o time. Fiquei bom também de esquerda, de tanto que eu treinei arremesso. Logo voltei a jogar.

Tem mais uma técnica que eu descobri para melhorar a minha *performance*. Todos os anos, em dezembro, eu sentia queda de rendimento. Eu, então, ia para regiões com neve e passava lá uma semana correndo e me condicionando. Voltava e tinha um ótimo desempenho. Sabe por que eu fazia isso? Pensei: "Onde a gente guarda a carne para conservar? Na geladeira, no *freezer*, no frio". Então, era para a "geladeira" que eu ia.

Sacrifícios! Eles fazem parte de uma trajetória de sucesso! Temos de aprender a abrir mão, ceder, enfrentar, criar e vencer!

Mas aos 45 anos chegou o momento trágico da carreira, o de parar. O que aconteceu comigo também pode ou até mesmo já aconteceu com você ou com alguém que você conheça.

Agora, imagine um sujeito obstinado pelo que fazia há 32 anos, com uma agenda lotada de treinos, jogos, viagens e compromissos comerciais, que de uma hora para outra passou a ter a agenda livre! O despertador não precisava mais tocar tão cedo. Mesmo que tocasse, se eu quisesse levantar, pulava da cama. Se não quisesse, virava de lado e dormia mais um pouco.

Uau! Que guinada na minha vida! A gente sabe que esse dia vai chegar, mas nunca está totalmente preparado para vivê-lo. O esporte tem isso de ruim, mas também tem isso de bom. Eu joguei até os 45 anos, algo incomum. Tem jogador que com 36, 38, 40 anos encerra a carreira e está pronto para um recomeço. Quero dizer com isso que o esporte nos permite construir uma carreira sólida e ainda nos dá tempo para a reinvenção profissional.

Alguns, que não foi o meu caso, preferem continuar no esporte, seja como técnico, assistente ou dirigente. Outros viram executivos, montam empresas. Pena que alguns não se preparam durante a vida de atleta e encerram a carreira com dificuldades financeiras. Eles perdem a primeira grande oportunidade da vida. Pense nisso. Na carreira do mundo corporativo isso também pode acontecer. Esteja atento, não desperdice oportunidades e tempo!

Nos primeiros meses eu até que me acostumei com a nova vida. Se antes faltava tempo para tudo, agora sobrava. Logo fiquei, como se costuma dizer, de saco cheio da falta de parâmetros, de perspectivas. Um dia tinha uma reunião, noutro um evento, um almoço... mas nada contínuo.

Eu tinha necessidade de começar a fazer algo que me fizesse sentir importante, com metas e objetivos a serem cumpridos. Com perspectivas futuras. Algo com que eu voltasse a sentir a obstinação, o desejo de ser bom, o melhor naquilo que iria começar a fazer.

Então me lembrei de umas palestras que fiz em 1996, quando eu jogava pelo Corinthians. A empresa que patrocinava o clube me convidou para dar uma palestra aos colaboradores. E sabe como foi a minha estreia? Falar 20 minutos para oito mil pessoas numa convenção da Amway! Pode parecer incrível, mas falar pouco é muito pior do que falar muito, ainda mais quando se é inexperiente. Como iria resumir tantos anos de basquete em 20 minutos? Foi um grande desafio. E ainda fiz algumas outras palestras naquela época.

Palestras... Palestras... Gostei da ideia! Era uma forma de continuar a levar mensagens e emoções para as pessoas, mas agora de um jeito mais consciente e preparado. De uma forma mais treinada, como eu sempre gostei.

Antes, era pela vibração, explosão, comemoração. Agora, seria pela história de vida que construí, pelo humor, pelo exemplo e legados que a vida me ensinou e que poderia compartilhar com as pessoas.

Lembra quando falei que, quando comecei no basquete, eu me sentia meio travado, lento em quadra? Com as palestras foi a mesma coisa. As propostas começaram a pintar. Montei uma palestra bem básica e fui à luta. Isso foi em 2003.

Vou confidenciar algo: o mais difícil na nossa vida é mensurar o nosso real valor! Você não custa, você vale! Você não tem preço, você tem valor! Eu aprendi a medir muito bem o meu valor como jogador de basquete. Quanto mais eu jogava, quanto mais cestas eu marcava, quanto mais títulos eu ganhava, mais eu valia.

E, como palestrante, qual era o meu valor? Tive de transformar tudo aquilo que me valorizava no basquete em matéria-prima de qualidade para criar valor no mundo das palestras.

Sabe o que eu percebi? Como palestrante eu valia tanto ou ainda mais do que como jogador! Jamais pensei que isso pudesse acontecer depois de parar de jogar. Ainda recebia propostas de patrocínio, para comerciais, entre outras.

Mas também entendi que para ter uma carreira como palestrante tão sustentável quanto a que construí no basquete eu precisava aprender, aperfeiçoar-me, profissionalizar-me. É como no basquete: não dá para ter a carreira de palestrante como um bico, um quebra-galho!

No início eu ficava muito nervoso. Não gostava que ninguém levantasse durante a palestra, mesmo que fosse para ir ao banheiro. Mexer no celular, então, me levava à loucura... Cheguei a repreender algumas pessoas. Pura besteira. Era o preço da inexperiência. Mudei minha postura e a relação com o público ficou maravilhosa.

Montar a palestra também não foi fácil. Coloquei tudo o que imaginei que pudesse prender a atenção das pessoas. Ficou longa demais. Tive de passar a "tesoura" até enquadrar tudo em uma hora em meia. Não abri mão de deixar a palestra bem-humorada, de encontrar o melhor tom e oscilação de voz, para não ficar monótona, e de dar equilíbrio entre humor, emoção, mensagens, legados de vida.

Mesmo assim, eu queria uma consultoria profissional para ouvir avaliações e orientações, mantendo comigo o poder da escolha de mudar ou não alguns pontos. Assim, em 2009, conheci o João Cordeiro num evento. Ele fazia *workshops* para empresas. Assisti à apresentação dele e gostei. Trocamos cartões e liguei na mesma semana. Queria agilizar o processo.

Marcamos de ele assistir às minhas palestras. Depois, saíamos para jantar e ele passava os comentários. Um dos primeiros foi: "Não vamos mexer no seu jeito de falar. É a sua caracterização da palestra".

Outra dica que ele me deu foi justamente em relação aos palavrões. Como eu disse, tenho por hábito usá-los nas palestras. As empresas contratantes costumavam passar uma pesquisa de avaliação para o público. Eu recebia os resultados e percebi que 2% rejeitavam palavrões. Mas davam graça à palestra.

O João Cordeiro, então, sugeriu que eu avisasse o público já de cara sobre os palavrões e encontrasse uma forma divertida de dizer que eles fazem parte do mundo do esporte. Passei a fazer isso e deu certo. Afinal, são dois mundos diferentes, o esportivo e o corporativo, mas de conceitos adaptáveis em vários pontos. Em outros, não. Já contei que na empresa, quando se pede algo a um colega, se diz "Por favor..."; no esporte, a gente solta logo um: "P****, passa a bola, c******!"

Aí vai outra enorme diferença: no esporte a gente toma banho juntos; na empresa, isso não acontece. Já deu para entender que são mundos diferentes...

Outra dica foi melhorar o equipamento de montagem e apresentação das palestras. As minhas apresentações eram em PC e muito ruins. Mas eu tinha orgulho daquilo, pelo trabalho que me dava para converter as fitas dos jogos que eu tinha da Europa em formato Pal-m para NTC e depois para Windows Media. Quando ele falou que a qualidade não estava no nível ideal de apresentação e que eu deveria usar iMac para montar as palestras, fiz aquela cara de estátua, de horror. Nunca tinha trabalhado num equipamento complexo daquele. Mas, se era para evoluir e melhorar, tinha de seguir em frente. Investi no que havia de melhor em computação, microfone, reprodução de *slides*...

Também recebi orientações dele que, mesmo excelentes, resolvi não seguir. Achei que nada tinham a ver com o meu estilo. Você tem de ter opinião e respeitar a sua caracterização na

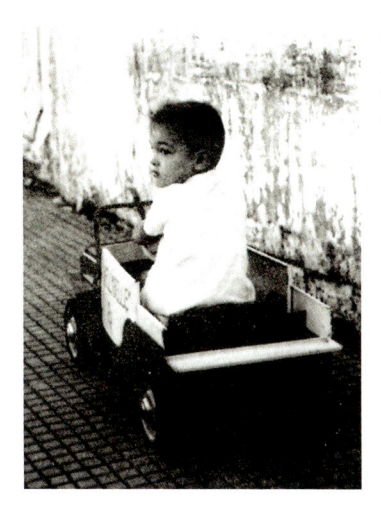

Oscar Schmidt com seu carrinho de pedal

Na infância, em Natal

Na infância, o esporte preferido era o futebol

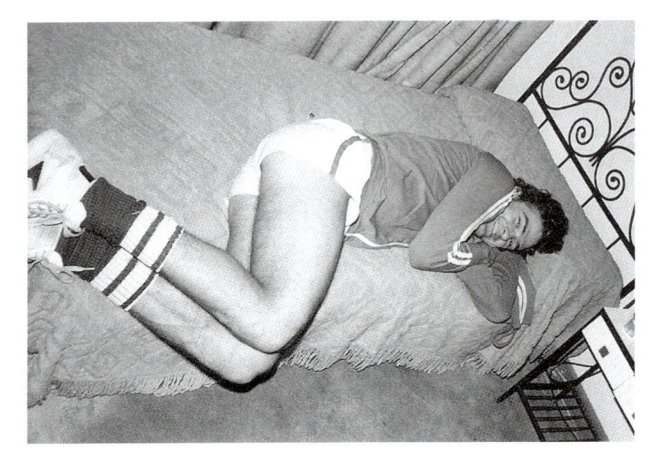

Com 2,05 de altura, dormir na cama dos hotéis era, digamos, uma noite sem fim...

Oscar entre Zé Airton (apelidado de Maleta, à esquerda), o ex-jogador Chico e o técnico Miura, ao centro

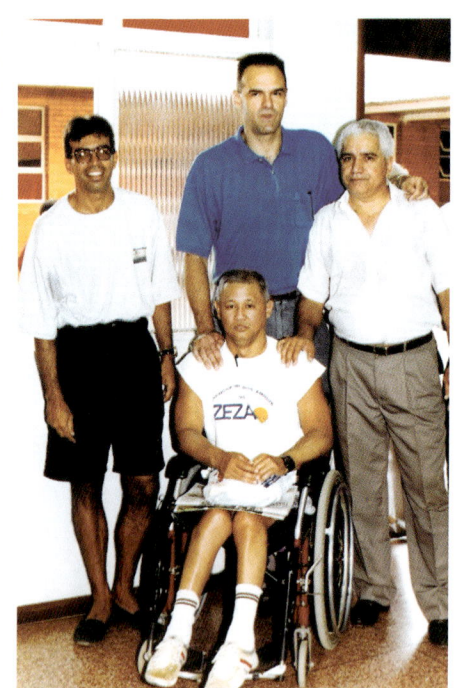

Oscar sagrou-se campeão nas categorias de base do Palmeiras

Oscar, segundo da esquerda para a direita, ao alto, na seleção juvenil de Brasília

Na seleção juvenil brasileira, com o amigo Chicão

Nos tempos em que morou na Pompeia, jogava no Palmeiras e machucou o tornozelo direito

Oscar, terceiro da direita para a esquerda, ao alto, com 15 anos, defendendo a seleção do Brasil

A jovem Maria Cristina Victorino, então namorada de Oscar

Cristina e Oscar, na cerimônia de casamento

A dupla Oscar e Marcel, sucesso dentro e fora das quadras

Oscar, já com a camisa 14, com a equipe principal do Palmeiras

Oscar e Ari Vidal, técnico que o acompanhou por anos na seleção brasileira

Oscar e o técnico Bogdan Tanjevic, que pediu a contatação dele no Caserta, da Itália

Da esquerda para a direita: Chicão, o técnico Cláudio Mortari, Oscar e Rolando

Oscar, com a mão fraturada, com amigos na Itália

Família Schmidt em quadra, na despedida de Oscar

Oscar, sendo entrevistado pelo irmão Tadeu, da TV Globo

Oscar com os pais Janira e Oswaldo Heini Schmidt

Oscar com os irmãos Tadeu e Felipe, e os pais Janira e Oswaldo

Oscar, com os filhos Stephanie e Felipe, fazia as refeições na cama

Família Schmidt: Stephanie, Cristina, Felipe e Oscar

Oscar e a família em Orlando, nos Estados Unidos

Oscar e a filha Stephanie

Oscar e o filho Felipe

O casal Cristina e Oscar, amor de longa data

Homenagem a Oscar Schmidt: um delicioso sanduíche no formato do número 14

Oscar, durante jantar que antecedeu seu jogo de despedida, em Brasília

Oscar com outros destaques do esporte como Magic Paula, Robson Caetano e o ex-nadador Xuxa

O técnico Bogdan Tanjevic, ao centro, que indicou e dirigiu Oscar no Caserta, da Itália

O técnico Cláudio Mortari entre o amigo Renato (esq.) e Tadeu Schmidt

Oscar e o inseparável Marcel

Oscar e os filhos com Maradona, na Itália

Oscar em suas comemorações que provocavam a torcida adversária quando gritava: Chupa!

Nos tempos de Flamengo, Oscar e Felipe Schmidt, entre Romário e Zico

"Oscar Game", jogo de despedida de Oscar na Itália

Oscar, o ex-armador Ratto, e as jogadoras de vôlei, Fofão e Márcia Fu, na Olimpíada de Atlanta

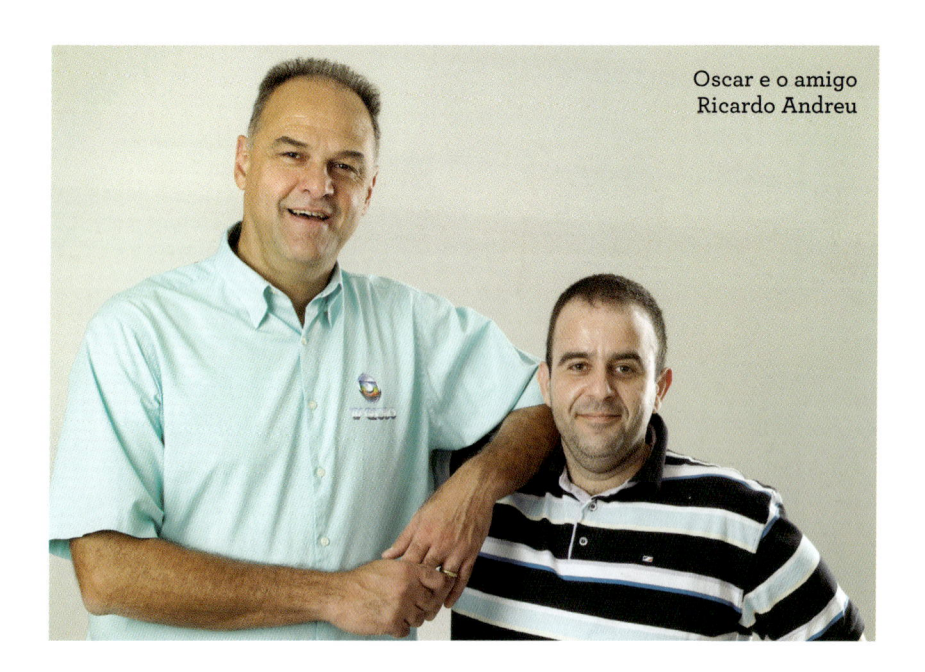

Oscar e o amigo Ricardo Andreu

Oscar e Carlos Alberto Parreira

Oscar e o "garotinho" Osmar Santos

Oscar com Pampa, do vôlei, e o cantor Leonardo

Oscar entre ídolos do basquete feminino, Hortência e Janeth

Oscar e Magic Johnson, astro da NBA

Oscar Schmidt e a ex-jogadora Janeth

Descontração entre Oscar e Pelé

Oscar e Felipe Schmidt, com Anicet Lavodrama, ex--companheiro dos tempos de Espanha

Oscar "disputando" bola com o ex-presidente Lula

Oscar e o neurocirurgião Marcos de Queiros Teles Gomes

Um dos centros esportivos batizados com o nome de Oscar Schmidt

A recheada sala de troféus da casa de Oscar Schmidt

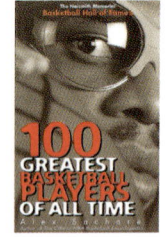

Homenagem a Oscar no livro "100 melhores jogadores de basquete de todos os tempos"

palestra. Mesmo que erre, vale o laboratório. Depois do erro você vai evoluir. Na minha vida foi sempre assim. Quer um exemplo? Entrei na política e hoje digo que errei. Mas foi uma vontade que tive de experimentar a política e aprendi que isso não serve para mim. Falaremos detalhes disso adiante.

Mais uma grande mexida que teve o dedo do João Cordeiro: eu tinha um vídeo muito emocionante que utilizava no meio da apresentação. Estrategicamente, ele sugeriu que eu o deixasse para o final. Essa eu acatei na hora. Deu outro brilho à palestra! É o encerramento de uma delas e emociona muito as pessoas e a mim também. E ainda deixa com aquele gostinho de quero mais.

Digo "uma das palestras" porque criei vários outros títulos e temas para compartilhar com o mundo corporativo. Cheguei a ter 12 tipos de palestras. Se uma empresa o contrata e gosta do seu trabalho, você precisa criar a possibilidade de ampliar a parceria, de ser recontratado, ou seja, levar novos produtos para serem apresentados nas empresas e dar esse respaldo a quem acredita e confia em você.

Retrato isso para entendermos a importância de sermos humildes quando recebemos críticas e conselhos no processo de crescimento e evolução profissional. Outro fator importante: trabalhe com os melhores, tenha talentos ao seu lado. Afaste-se dos medíocres!

Lembra-se do que eu disse sobre o seu valor? Pois eu já tinha o meu e com todas essas transformações ele aumentou ainda mais. Com todas essas transformações recebi o Tof of Mind de RH 2013, prêmio dado ao melhor palestrante do Brasil! Quando comecei, eu não imaginava chegar nesse nível, ficar entre os cinco melhores palestrantes do país e muito menos ser premiado numa votação feita pelos gestores de Recursos Humanos das empresas.

Mas quando eu me senti no caminho profissional e da obstinação pelas palestras, coloquei na cabeça que ia ser o melhor palestrante do Brasil... e consegui!

Ser obstinado me fez alcançar enormes conquistas. Tive a honra de disputar cinco Olimpíadas com o mesmo tesão de competir: Moscou, em 1980; Los Angeles, em 1984; Seul, em 1988; Barcelona, em 1992; e Atlanta, em 1996. Bati todos os recordes mundiais. Joguei competitivamente até os 45 anos; se não fosse assim, teria parado antes.

E agora me aguentem! Do mesmo jeito que disputei cinco Olimpíadas, estou motivado para disputar e levar muitos outros Tops of Mind de RH!

Não falo isso com arrogância, mas com um p*** orgulho. E com um palavrãozinho no meio para quebrar o gelo!

4
LIDERANÇA

Liderança! Tema danado de bom para debater!

Não admito ouvir de alguém: "Não nasci para liderar". Impossível isso acontecer. A nossa vida é pautada por ações de liderança. Você lidera o trajeto para o trabalho, escolhe o que vai pedir no restaurante, define a roupa que vai usar, o presente que vai dar a alguma pessoa querida, a criação dos filhos... Essas são ações básicas de liderança. Somadas a elas, estão as grandes decisões profissionais que envolvem a empresa, a carreira, a equipe, os investimentos, as negociações... Então, certamente, em alguns ou todos esses estágios você representa, sim, um líder mais ou menos atuante.

Eu me considero uma pessoa com perfil de liderança. Se eu fiz 49.737 pontos e perdi outra porrada deles, se dei tantos passes e tive de escolher a qual companheiro daria a bola, se por tantas vezes eu pedi a palavra ao grupo para expressar a minha opinião, motivá-lo ou chacoalhá-lo, imagine em quantos momentos decisivos e de liderar as minhas ações eu estive! Por isso, considero que todos nós somos líderes, principalmente de nós mesmos!

O primeiro modelo de liderança que tive veio do meu pai. Um líder austero, do tipo que ordenava e não admitia réplica.

As referências seguintes foram construídas nas figuras dos técnicos. Tudo começou com o Zezão e o Miura, em Brasília, líderes do tipo gente boa.

Depois deles, os modelos de liderança enrijeceram. Certamente, pelo aumento da responsabilidade daqueles que os sucederam. O Zezão e o Miura lideravam pré-adolescentes. O norte-americano Bill Klucas, primeiro técnico que tive quando mudei para São Paulo e fui jogar no Palmeiras, liderava homens! Já senti uma mudança na pegada e no tom da conversa. Ali acabou o sonho e começou a realidade da profissão, representada pela cobrança.

Bill Klucas era um grande líder. Assumiu o Palmeiras, time acostumado a treinar duas ou três vezes por semana, e passou a treinar duas vezes por dia. Até então, era uma preguiça só. Para mim não mudou nada. Mesmo sozinho, eu já treinava diariamente em dois períodos. Por isso, voava em quadra. O gringo não teve dúvida: meteu o argentino Ernesto Ghermann e o Edvar Simões no banco. Também mudou minha posição de pivô para ala e me colocou no time titular. Esse era peitudo!

Além do Bill, trabalhei com Ary Vidal, Claudio Mortari, Edson Bispo dos Santos e Bogdan Tanjevic, entre tantos outros técnicos.

Aprendi com todos eles! Em alguns momentos, como fazer corretamente. Em outros, como não fazer corretamente. Alguns eram únicos na representatividade da liderança. Outros tinham liderança compartilhada com a comissão técnica ou até com integrantes do grupo.

Quem era melhor? Quem estava certo? Todos eles! Cada qual dentro do seu modo e estilo de liderar. Obviamente, uns com mais e outros com menos eficiência. Mas todos eram líderes!

Sabe como se atinge o nível ideal de liderança? Com atos, palavras e... resultados! Novamente, falamos deles! Líder sem resultado está na rua! É um p*** cara, gente boa, transparente..., mas não entrega resultado, não ganha nada! Vai *pra* rua!

E como são alcançados os resultados? Com atitude, personalidade. Com comando sobre o grupo. Trabalhei com líderes que falavam muito e diziam pouco. Trabalhei com líderes que falavam pouco e diziam muito.

Isso me faz recordar do Ary Vidal na decisão do Pan-Americano de Indianápolis, em 1987. A gente estava na maior ansiedade. Parte do tempo achávamos que iríamos arrebentar no jogo, mas na maior parte dele tínhamos total consciência do tamanho da "encrenca" em que havíamos nos metido.

Poucos minutos antes de entrarmos em quadra, chegou o momento da preleção. O Ary Vidal, nosso técnico, se postou na frente do grupo. A gente lá, esperando nosso comandante dar um monte de conselhos, dicas, estratégias...

E não é que o Ary fica uns três minutos olhando para o grupo, andando de um lado para o outro, com as mãos para trás, sem dizer uma só palavra? Até que, finalmente, ele fecha a cara, coloca garra no olhar e diz em castelhano: "Juego y nada más!" (Jogo e nada mais!).

Particularmente, eu não sabia se ria ou chorava. Estávamos esperando uma preleção, a defesa de uma tese da vitória, e o Ary solta um: "Juego y nada más!"

Mas sabe de uma coisa? O cara foi brilhante! Se fizesse uma apologia da vitória, socasse o ar e gritasse "YES!", seria mentiroso. Não éramos favoritos. Se dissesse "Vamos lutar, fazer o possível, dar o nosso máximo", poderia implodir o pouco de otimismo que tínhamos.

"Juego y nada más!" Era exatamente isso que tínhamos de fazer!

Jogar com felicidade, de forma unida, comprometida e descomprometida ao mesmo tempo. E deu no que deu! Vencemos!

Apesar de ter me estendido nesse fato, ainda vou falar bastante sobre essa vitória em cima dos Estados Unidos que marcou a minha trajetória, a do grupo e a do basquete brasileiro.

Aproveito esse exemplo do Ary Vidal para homenagear os grandes técnicos com quem trabalhei. Usei essa passagem para mostrar que líder fala com palavra, olhar, suspiro. Líder fala com imagem. Líder fala com silêncio!

Líder é claro e transparente: elogia, dá bronca e cobra quando precisa. Líder parabeniza pelo grande desempenho, seja ou não com vitória. O líder é um bom ouvinte.

Líder sabe comandar os três tipos de atleta que existem na grande maioria das equipes, seja no esporte ou nas empresas: os que têm atitude, os seguidores e os laranjas podres. O papel do líder é motivar ainda mais os que têm atitude, manter os seguidores comprometidos com os resultados e fazer com que os laranjas podres não contaminem o grupo.

Desde que iniciei no basquete, me mantive no time dos comprometidos. Quando tinha 18 anos, eu estava num jogo da seleção brasileira e faltavam 20 segundos para acabar a partida. O Brasil perdia por dois pontos. A bola rodou, rodou, rodou e caiu nas mãos de um jovem chamado Oscar Schmidt. Pela pouca idade, eu não tinha a obrigação de finalizar e poderia muito bem passar a bola a alguém mais experiente.

Era o que se esperava de um jogador ainda imaturo. Eu não tinha obrigação, mas tinha responsabilidade. Não tive dúvida: chutei todas as bolas que caíram na minha mão e garanti a vitória. Nessa hora do aperto tem de aparecer e decidir. Tem de ter atitude.

Eu vibrava quando estava num ginásio lotado, com dez mil pessoas me xingando. Aquilo mexia comigo e meus companheiros sabiam disso. Era como se acendessem o pavio que provocaria a explosão. Pois eu metia uma bola de três e pensava: "Chupa!" Eu cerrava os punhos. Gritava e vibrava. Com isso, a torcida ficava enfurecida e eu ainda mais explosivo.

Sabe por que eu fazia isso? Por vários motivos. O principal deles era que eu estava treinado e pronto para meter mais um monte de bolas de três. Se você chama um grandão para o pau ou provoca a massa, deve saber que está se metendo em encrenca e que deve ser muito bom para aguentar o rojão.

Eu estava treinado! Quanto mais eu treinava, mais tinha coragem e confiança para mandar a torcida "chupar". Outro aspecto: quando eu fazia aquilo, sentia também que meu grupo reagia favoravelmente. Todos cresciam comigo.

Líder conhece o grupo que tem. Senti isso quando vivi a experiência de montar a minha própria equipe no Rio de Janeiro, a Telemar. O grupo era formado por estrelas e era preciso pulso firme para liderar aqueles também líderes.

Líder dá ao grupo aquilo de que ele precisa. Líder é corajoso. O Ary Vidal dizia: "Grandes vitórias são acompanhadas de grandes riscos!"

Líder se fundamenta em valores e compartilha com as pessoas da equipe. Líder entende as diferenças, as diversidades do grupo. Líder faz o grupo conhecer o comandante que tem.

Resumidamente... Líder lidera!

Essa é meio parecida com a do Ary Vidal: "Juego y nada más!"

5
TRABALHO EM EQUIPE

Cris, eu te amo!

Cristina... Ela é a minha melhor equipe! Minha melhor técnica! Minha melhor comandada! Meu melhor comandante! Minha mulher amada!

Jamais perco a oportunidade de demonstrar o amor que sinto por minha esposa. Onde quer que esteja, deixo registrada a importância dessa mulher na minha vida!

Infelizmente, o ser humano pouco elogia, realça qualidades, reconhece virtudes, parabeniza. O ser humano pouco se declara a quem realmente ama.

Vou falar bastante sobre equipe, time, mas a pessoa que mais me influenciou e influencia na vida é a minha esposa. Chora de alegria, chora de tristeza. Chora por amar! A família sempre nos recebe de braços abertos.

Na vida a gente não consegue nada sozinho. No esporte, seja individual ou em equipe, sempre tem um time por trás! Tem técnico, assistente, médico, fisioterapeuta... Na empresa também acontece da mesma forma. Tem gente que cuida de gente. Essa é a frase preferida do pessoal de Recursos Humanos!

A paixão é o combustível que nos dá garra e motivação, é aquilo que nos impulsiona a nos manter no caminho escolhido. Todos os dias eu agradecia a Deus por jogar basquete. Todos os dias eu agradeço a Deus por viver da minha paixão! Antes era o basquete, e agora são as palestras.

Volto a falar de time: o Flamengo! O Mengão é paixão pura, leva a gente ao último estágio da paixão. Mas sabe quando você realmente descobre o que é jogar no Flamengo? Ah... só no dia em que perder para o Vasco!

Na saída da quadra o torcedor do Flamengo vai xingar você, no outro dia o torcedor do Flamengo vai xingar você; até a próxima vitória o torcedor do Flamengo vai xingar você. Isso aconteceu comigo. E eu revidava: mandava *pra P.Q.P.* também! Aquilo me incomodava. Eu ficava pensando: "Como o meu próprio torcedor está me ofendendo?" O torcedor xingava mas se identificava comigo. Sabia que eu me entregava, dava o sangue pelo time. E eu amava ver aquela torcida ir à loucura!

Uma das emoções mais incríveis do mundo é defender o Flamengo! Lá joguei, inclusive, com meu filho, o Felipe. Parei de jogar em 2003. Eu tinha 45 anos. Eu disputava uma partida e ficava três dias sentindo os reflexos do esforço. Doía tudo... Mas eu aguentei firme.

O clube tem peso na camisa. Se pagassem em dia, então, seria o paraíso! Eles me pagaram a última parcela no ano passado... Lembra o que eu disse, né? Parei em 2003... Brincadeirinha... O Flamengo é um clube maravilhoso!

Time é paixão! Timão é paixão! Aí vai outro clube de camisa forte que me marcou: o Corinthians! Eu tenho enorme orgulho de ter jogado no Corinthians, que me repatriou após 13 anos de Europa. Lá também eu tinha de aguentar pressão.

Por falar nisso, na primeira "pressãozinha" que o Ronaldo, o Fenômeno, e o Roberto Carlos pegaram, contra um tal Tolima, que desclassificou o Timão da Libertadores, sabe o que aconteceu? O primeiro encerrou a carreira e o outro foi parar na Rússia!

Na Espanha, o time em que eu jogava, o Forum/Valladolid, era muito limitado. Não tinha perspectiva nenhuma. Fiquei lá dois anos e foi tempo demais. Jogava para ganhar dinheiro e mais nada! É horrível quando a relação fica apenas profissional. Você se recorda que eu falei da paixão, né? Ali não tinha nada disso! Se você passou ou passa por isso na vida profissional, sabe bem do que estou falando.

Para piorar, no segundo ano o técnico disse que eu teria de marcar. Marcar? Eu? Um arremessador de três pontos? Essa é uma hora difícil: ou você enfrenta o líder, se insurge contra uma ordem e deixa um clima de m**** no grupo, ou acata e transforma aquilo em um obstáculo a ser superado e vencido.

Escolhi a segunda opção. Pensei no grupo, no time! Eu disse ao técnico que marcando não iria conseguir mais fazer 40 pontos por partida. Ele deu de ombros! Aquilo desceu arranhando pela goela.

Então... é para marcar? Pois vou marcar *pra* cacete! Eu marquei todos os melhores jogadores espanhóis e de outras equipes do continente. Ainda fui o segundo cestinha do campeonato. Teve um jogo em que eu lancei oito bolas de três pontos em cada tempo e marquei 48 pontos no total. Recorde de todos os tempos!

Tudo bem... Eu me reinventei como atleta, superei as metas, venci adversidades, provei competência, tive espírito de time... mas estava infeliz. A missão estava cumprida na temporada, mas não havia vontade, tesão de enfrentar outra daquelas.

Ninguém consegue se realizar estando infeliz. Ou você se anula e deixa a vida, os anos passarem, ou provoca mudanças. Nunca tive medo de novidades. Elas representam oportunidades.

Na empresa acontece da mesma forma. Se o profissional está cumprindo tabela, tem de ir embora para uma companhia em que se sinta mais importante. Se você quer ser alguém na vida, tem de procurar um lugar no qual lhe deem o seu real valor. A única meta boa que eu tinha para realizar e cumprir no último ano de Europa era provar que eu sabia marcar quando exigido e que, simultaneamente, marcar e pontuar é difícil.

Consegui ambos. Mas era muito pouco para quem sempre brigou por títulos, para marcar pontos e não adversários, para levar os torcedores à loucura por fazer e não evitar a cesta. Imagine que numa das três temporadas que disputei pelo Pavia, na Itália, marquei 44 pontos de média em 40 jogos disputados. Caía tudo. Estava numa forma estupenda.

Hora de mudar de ares! Surgiu a possibilidade de retornar ao Brasil. O convite inicial era para defender a equipe do Ary Vidal, em Santa Cruz do Sul. Mas no meio do caminho optei por aceitar o convite do Corinthians.

Fui em busca da felicidade. De um lugar onde eu seria valorizado pelas minhas qualidades e características, pela minha história no basquete.

O conceito de time não tem divisas. Extrapola as linhas da quadra, do grupo de jogadores, da comissão técnica, dos dirigentes. Você só vai vencer se tiver um time e uma equipe ao seu lado. Um time é composto de pessoas diferentes, com aptidões, tamanhos, virtudes, defeitos, talentos e linguagens diferentes. De comum fica o objetivo principal de que todos querem ser campeões.

Eu participei de vários bons times e seleções na minha vida. Um belo exemplo de time foi o Caserta, na Itália. Eu me sentia literalmente em casa. Tratavam a mim como a um deus. Tive até jogo de despedida.

O Chicão, meu *fratelo de late*, disse que recentemente foi pegar o carro na garagem de sua casa (ele ainda mora na Itália) quando se aproximou um grupo de meninos batendo bola de basquete e segurando uma faixa com os dizeres: "Forza, Oscare!" Era assim que me chamavam quando joguei na Itália: *Oscare*. Eles começaram a perguntar sobre mim e queriam informações da minha saúde, pois ficaram sabendo sobre o câncer. Emocionante! Essa garotada ainda nem era nascida quando joguei no Caserta, entre 1982 e 1990.

Tem ainda o Palmeiras, onde despontei e joguei com Carioquinha e Ubiratan. O Sírio, uma máquina de jogar que, entre outros títulos, conquistou o mundial de clubes de 1979; passei pelo Mackenzie também.

Como eu já disse, em cada clube, seleção principal ou de base que defendi, com cada torcida que me deparei, adversária ou não, com a imprensa, com cada público de palestra que realizo, tenho uma identificação especial. Deles recebi críticas e elogios, mas tudo passou. De bom, restam uma relação de torcida mútua, preocupação, corrente positiva e carinho.

Esse é o verdadeiro sentimento de time! Você não precisa concordar com todo mundo, com o que as pessoas falam. Você pode e deve discordar quando necessário, quando entender que seus conceitos são diferentes.

O que não pode acontecer é permitir que os interesses individuais sejam mais fortes do que os comuns, que os seus objetivos sejam diferentes daqueles do grupo. Eu jamais poderia sonhar e lutar para ser o cestinha de um campeonato se isso prejudicasse o objetivo maior de todos, o de ser campeão.

Impossível também um grupo ser chamado de time se não há respeito entre os integrantes. Sabe aquela história de que "roupa suja se lava em casa"? Tem de lavar mesmo! Se a sua equipe tem problemas e deficiências, não as exponha publicamente. Converse e acerte-as com seu próprio grupo.

Já saí do ginásio p*** da vida com o desempenho de um ou outro jogador do meu time; outras vezes, o motivo da minha irritação era meu próprio desempenho. Eu entrava no vestiário gritando, cobrando o sujeito. Ia para o banho, esfriava a cabeça e depois conversava com o companheiro, para ajustar as coisas. E acabou! Ficou tudo no jogo, na quadra. Aquela partida era parte do passado; a gente não a ganharia mais ou meteria bolas na cesta. Mas o que ficava de positivo eram as lições dos erros cometidos que deveriam ser evitados no próximo confronto.

Durante alguns jogos eu pedia a bola e xingava o meu armador: "Passa a p**** da bola! Põe a bola na minha mão!"... E nada de a redonda chegar. Se eu não recebia a bola, eu não chutava! Eu ia à loucura! Perdia as estribeiras e falava um monte de bobagem. A cobrança continuava no vestiário.

Aí o jogo terminava, eu tomava banho e ia embora. Geralmente, era parado pelos jornalistas, para dar entrevistas. Então eu falava da partida e elogiava justamente o companheiro que havia sido "econômico" comigo nos passes. É a isso que me refiro quando digo "lavar a roupa suja em casa!".

Uma equipe disputa a competição. O time é aquele que se torna uma família. O ideal de um grupo é mesclar as características importantes tanto de time quanto de equipe. Que seja como uma família e que esta se empenhe e se cobre pelo melhor para todos.

As passagens divertidas são deliciosas. Quanta sacanagem acontecia. Sempre tinha os mais sarristas. Eu estava entre eles. Aprontávamos muito uns com os outros.

Certa vez, tivemos um período intenso de treinamento pela seleção numa chácara no interior de São Paulo. Era literalmente treino e mais nada. Nem TV havia nos quartos. Mas tinha o ginásio.

Do grupo, o pivô Silvio – Malvezi –, o armador Guerrinha – Jorge Guerra – e o Simão, massagista, jogavam juntos toda semana na Quina. Na época ainda não existia a Mega-Sena.

No dia de ir embora da chácara, aconteceu a sacanagem. Eu e alguns colegas tivemos a ideia de anotar os números que eles haviam jogado num pedaço de papel. Passamos a relação para o dono da chácara, que também sabia da parceria entre os três, e lhe pedimos para dizer o seguinte ao Silvio: "Consegui e anotei o resultado na quina. Eis os números".

Dado o recado, fomos para o ônibus. Ficamos olhando pela janela a conversa dos dois. O Silvio pegou o papel e conferiu o jogo. Quando terminou, abriu um baita sorriso e foi correndo para o ônibus. Parecia um personagem do filme *Carruagens de fogo*.

O Silvio entrou no ônibus esbaforido e disse: "Estamos ricos!" O Guerrinha, que sabia da simulação, ainda não tinha dado o dinheiro. Ele logo perguntou: "Ainda não paguei, mas... Estou no racha, né, Silvio?"

Para delírio de todos, o Silvio solta esta: "Guerrinha, você está fora porque esqueceu de colaborar. O dinheiro será dividido entre mim e o Simão".

Silêncio geral! Foram duas horas de viagem. O Silvio e o Simão, que sentaram juntos nas poltronas conjugadas, ficaram a viagem toda fazendo planos sobre o que fazer com o dinheiro. E a gente lá atrás, se divertindo e chamando em coro o Guerrinha de "orelha". Na verdade, o "elogio" era para o Silvio...

Paramos em Jundiaí. O Silvio desceu do ônibus e foi direto para a lotérica. Saiu sorrindo e voltou p*** da vida! Espumando de raiva. Ficou três semanas sem falar com ninguém. Numa depressão profunda, de dar dó...

Mas não pensem que eu passei ileso pelas sacanagens. Aprontaram muito comigo. Eu sempre fui bastante atencioso com os torcedores, com os fãs. Não nego autógrafo e foto. Eu recebia muitas cartas com palavras gentis, carinhosas. Eu adorava lê-las no vestiário, antes do treino. Aquilo me dava ainda mais força para treinar.

O leitor se lembra de que, depois dos atentados de 11 de setembro às Torres Gêmeas, em Nova York, o mundo passou a viver em pânico. Algumas pessoas começaram a receber cartas contendo um pó branco, o Antraz, arma biológica que vitimou algumas pessoas nos Estados Unidos.

Então... você já pode imaginar o que aprontaram comigo. Eu jogava pelo Flamengo. Certa manhã, como de hábito, eu me troquei para o treino e fui buscar as cartas. Os caras não tiravam o olho de mim. Claro, queriam que eu caísse logo na "armadilha".

Assim que eu peguei o bolo de cartas e comecei a manuseá-las, percebi que havia um pó branco que se espalhou pelas minhas mãos. Eu me c***** de medo! Soltei um berro. O pessoal caiu na gargalhada. Quem aprontou essa foi o pivô Janjão – Joélcio Joerke.

Há ainda inúmeras passagens hilárias. Como quando o Chicão e eu jogávamos no mesmo time, o Caserta, na Itália. Éramos os mais experientes do grupo.

Viajamos a Bologna para enfrentar um adversário. Em um passeio por uma praça, Chicão e eu começamos a tocar samba com a palma das mãos e a dançar. A praça estava cheia e formou-se uma roda de curiosos. Aí começaram a chegar os outros companheiros do time, que se juntaram à nossa brincadeira.

Imagine aquele monte de gigantes batendo palmas. Logo o clima estava gostoso, descontraído. A grande maioria já dançava no nosso ritmo. Então eu tirei o boné da cabeça e saí pedindo dinheiro. E o pessoal contribuia com moedas, notas!

Demos muitas risadas com aquilo. São passagens agradáveis, que divertem e ajudam a unir um grupo. Depois de uma situação divertida, o clima muda, melhora, fica mais solto.

Quando jogava no Flamengo, eu encomendei um campo de futebol de mesa – o jogo de botão. Eu e o Ratto jogávamos direto. Ele era meu companheiro de quarto e a gente disputava grandes partidas de futebol de mesa. Outros jogadores também entravam na disputa; fazíamos torneios. Era superagradável.

Para fechar o tema, o que posso dizer é que só dá para realmente conhecer as particularidades, as formas de mexer com o grupo, as individualidades, quando se monta um time.

Há uma sequência de decisões cujo objetivo maior é levar o grupo ao título. Isso vale desde a escolha do roupeiro ao técnico. Tem de fazer de um jeito que você consiga tirar o melhor de cada um. Confesso que em alguns momentos atingi os objetivos de uma forma dura. E o pessoal compreendia isso, o estilo do líder do time.

Aprendi muito sobre liderança quando, depois de encerrar a carreira no Flamengo, montei a equipe da Telemar, em parceria com a Prefeitura do Rio de Janeiro. Eu era "cartola", nome feio da p****! É como se eu tivesse de preencher uma imagem, a de um time campeão, e precisasse não só montar, mas também recortar as peças do quebra-cabeça.

Estudei as características dos atletas antes de contratá-los. Quem defendia, quem armava, quem atacava, quem era destro ou canhoto, quem era reboteiro... E montamos um time fortíssimo. Resultado: vencemos os campeonatos carioca e brasileiro da temporada 2005/2006.

Ainda sobre o meu último período como atleta, na final do campeonato carioca eu estava com 44 anos. Foi quando tive uma das maiores lições da minha vida. Jogávamos o *playoff* final contra a equipe de Campos. O Ricardinho – Ricardo Augusto Lento dos Santos –, armador, jogou duas bolas fora. Bastava ele ter segurado uma delas. A gente perdeu a partida no último segundo.

Eu cheguei ao vestiário alterado de tanta raiva, gritando de forma absurda, acusando-o até de irresponsabilidade. De repente apagou tudo. Deitei no chão com pressão alta, 22 por 14; não conseguia me manter em pé. Levaram-me para o hospital.

Lá pelas três da manhã me liberaram. Fui para casa descansar. Teríamos outro jogo contra o mesmo time em algumas horas. Claro que eu estaria em quadra. Queriam me levar de helicóptero. Rejeitei! Fui de ônibus com o grupo para a cidade de Campos. Durante o trajeto, conversei bastante com o Ricardinho. Eu me desculpei com ele. Zeramos tudo!

Horas depois, lá estávamos na quadra do adversário. Joguei *pra* c*****. O time todo jogou *pra* c*****! O Ricardinho jogou *pra* c*****! Nós fomos os campeões.

Depois avaliei essa passagem. Eu jamais poderia ter culpado o Ricardinho pela derrota. Cobrar, sim; culpar, não! Eu jamais poderia ter me excedido tanto. Foi uma lição incrível que eu tive. Nas derrotas anteriores eu nunca tinha feito isso. Aconteceu no final da carreira. Talvez, fosse mais um indício, além da idade, de que era mesmo hora de parar. Ainda disputei e vencemos o campeonato brasileiro.

Vou confessar uma coisa: acho que o tumor começou ali. Eu fiquei com a pressão alta por muito tempo.

Já disse e repito: essa p**** de tumor pegou o cara errado!

6
INOVAÇÃO

Inovação! Palavra da moda! Todos querem inovar. Todos querem demonstrar que estão conectados, situados no contexto mundial.

Confesso que para a minha geração isso provoca certo desconforto. Não fomos criados com essa preocupação. Nos últimos 15 ou 20 anos passamos por uma revolução tecnológica.

Eu estava em quadra enquanto parte desse movimento acontecia. O meu mundo se resumia a treinar mil arremessos por dia, disputar e ganhar jogos e títulos, estar com minha família, me alimentar bem e descansar. O meu mundo se resumia a bater minhas próprias metas. Todos os dias eu criava um objetivo, um número a ser alcançado, e só ia embora se o atingisse: 23 cestas de três consecutivas... 30 cestas de três consecutivas... Até o dia em que superei todas as minhas marcas anteriores num treino do Flamengo: 90 arremessos e 90 cestas consecutivas.

Aí... parei de jogar! Abri os olhos e vi que vivia no mundo do basquete e nada mais. Havia outro mundo, muito maior, do qual o basquete era apenas um pequenino pedaço. Não restam opções. Ou você para, senta no chão e chora, ou inova! O caminho da acomodação nunca é a minha escolha. Também não deve ser a sua.

No mundo do basquete eu sabia como inovar. Eu precisava, então, aprender a fazer isso fora dele!

Vale um registro: não adianta inovar e dominar a tecnologia disponível se você não tiver bons educadores. Eu tive vários e registro três deles, que fizeram mudanças "inovadoras" na minha carreira, fruto de suas percepções. Eu já os mencionei aqui.

O primeiro foi o Laurindo Miura, que acertou o meu jeito de arremessar a bola, orientando para que eu o fizesse com a bola por detrás da cabeça. O outro foi o norte-americano Bill Klucas, que mudou a minha posição de pivô para ala. Há ainda um grande educador que, além da vida, me deu caráter, postura, garra e doutrina. O nome dele é Oswaldo Heini Schmidt, meu pai. Ele sempre me dizia: "Seja diferente. Faça cesta de um lugar que ninguém faz". Certamente, alguém já lhe disse: "Se você quer resultados diferentes para a sua vida, tome atitudes diferentes. Saia da mesmice". Essa é a pura verdade!

Passei, então, a chutar de longe. Esse era um diferencial e se tornou a minha marca registrada: "Oscar Schmidt, o homem das cestas de três pontos, o *Mão Santa*!" Outra sacada: aprendi a encontrar espaço onde não havia para poder chutar. Passei a treinar arremessos de todo jeito: curvado para a direita, curvado para a esquerda, girando o corpo para trás, girando o corpo para a frente, usando ou não a tabela, com ou sem finta...

Até por detrás da tabela aprendi a arremessar. Certa vez, chegaram a me chamar de inconsequente, por ter arremessado assim e acertado a cesta. Eu marquei os pontos e ainda me chamaram de inconsequente! Inconsequente? Eu treinava aquilo! Como alguém que treina mil arremessos por dia, aplicando vários fatores dificultadores, pode ser inconsequente?

O *seu* Oswaldo me deu esse conselho e não cobrou nada por isso. Hoje sei dar o real valor; tornei-me quem sou por causa da criação que recebi dos meus pais. O Miura e o Klucas mudaram meu estilo e não cobraram nada por isso. Tantos outros me aconselharam e ensinaram, e nada cobraram por isso. Sim... vivemos num mundo capitalista e eu, particularmente, aprovo o sistema e vivo dentro dele. Mas quem educa busca outros tipos de retorno e resultado.

Também nos tempos em que joguei na Itália inovei na forma de me posicionar em quadra. Como eu já disse, nunca fui especialista em marcação, mas fiz certas adaptações que me ajudaram a roubar ou recuperar a bola e, assim, marcar mais pontos.

Essas são algumas das inovações que tive na carreira de jogador de basquete. Outras tantas significativas ocorreram internamente.

Quando o Brito Cunha era técnico da seleção brasileira, fizemos uns testes comportamentais. Existem três tipos de pessoas: auditivas, visuais e sinestésicas. Eu sou 80% sinestésico. Isso quer dizer que tenho dificuldades de controlar as emoções. A não ser que seja um segredo, não consigo segurar nada. Coloco as emoções para fora.

Na minha trajetória, fiz grandes amigos, mas também me afastei de algumas pessoas por ser muito espontâneo e verdadeiro. A própria Liga que ajudei a criar poderia ter outro destino se eu não tivesse batido tanto de frente com a Confederação Brasileira de Basquete. Mas, também, se não fosse assim, eu não seria o Oscar Schmidt.

O amadurecimento refina o nosso jeito de ser. O tumor também me fez reavaliar alguns conceitos. Não todos, mas passei a repensar alguns temas. Acredito até que seja uma transformação natural. Antigamente, tudo o que não estivesse dentro da forma que eu avaliava como correta me incomodava.

Hoje eu sou mais controlado com as emoções. Mantenho os meus conceitos éticos e morais. Estes, não envelhecem nunca. Mas coloco outros ingredientes na balança antes de tomar uma posição, antes de criticar e até de julgar.

Eu não sou assim. Eu aprendi a ser assim. Tudo tem seu tempo. O que estiver fora do lugar o próprio tempo corrige.

Chegamos agora à minha terceira etapa de inovação: ser palestrante. Se foi difícil me tornar o maior cestinha mundial, não foi difícil ser o maior palestrante do Brasil: tenho 2,05 metros de altura...

Mas eu me coloquei uma meta: serei não apenas o maior, mas também o melhor palestrante do Brasil! Uma meta que levei dez anos para alcançar, de 2003 a 2013.

Tenho algo muito claro na minha mente: autocrítica! Sei muito bem que nível de palestra eu fazia no início e a grande transformação que ocorreu no caminho.

Um fato marcou e mudou minha postura de palestrante naquele momento.

Ainda no início da nova trajetória, ao terminar a palestra num evento, fui ao banheiro. Como era coletivo, havia umas três ou quatro, digamos, cabines individuais. Entrei numa delas e fechei a porta. Estava eu lá, fazendo o número 2, quando ouço a conversa de uns rapazes que entraram no banheiro e que não sabiam que eu estava lá.

Um deles perguntou ao outro:

– O que você achou da palestra? Gostou?

Uau! Que prova de fogo! Queria logo ouvir o comentário, que veio dessa forma:

– Ah... Achei bacana... Mas, faltou conteúdo.

O rapaz que fez a pergunta, concordou.

O quê? O sujeito disse que faltou conteúdo na minha palestra? Até pensei: vou sair e falar com esses caras. Ao invés de reagir, preferi refletir. Analisei o que eles queriam dizer com aquilo. E sabe qual foi a minha conclusão? Que eles tinham razão! Eu falava sobre o Oscar Schmidt, mas não fazia correlações para mostrar ao público como as minhas experiências poderiam colaborar, acrescentar e transformar a vida deles.

Eu poderia muito bem ter pensado: eles não sabem o que dizem. Eles é que não tem conteúdo. Mas isso é postura de quem não pretende evoluir. Se você quer ser o melhor, aprenda a receber e também a filtrar as críticas. As construtivas, use-as em seu benefício. As que são apenas destrutivas, despreze-as.

As ferramentas para alcançar o meu objetivo foram dedicação e treino. Coloquei na cabeça que a palestra seguinte que eu fizesse seria sempre melhor do que a anterior: a décima melhor que a nona, a centésima melhor que a nonagésima nona... e assim por diante.

Também procurei tirar lições com os melhores. Investi em equipamentos sofisticados e aprendi a manuseá-los. Isso deu trabalho. Imagine olhar para aquele monte de opções e ter que clicar sem conhecer a técnica. A inovação, a tecnologia é maravilhosa. Se você souber como utilizá-la em benefício próprio, vai se destacar. Assim, no final de 2013, ultrapassei o número de 700 palestras realizadas. Em média, nos últimos anos tenho feito de dez a 12 palestras por mês. Nos últimos dez anos, não perdi uma única chance de pensar e treinar minhas palestras.

Certa vez, peguei carona com o Ratto para o Rio de Janeiro. Eu ia justamente fazer uma palestra. Durante quase todo o trajeto, aproveitei para ensaiar. Simulava o que iria falar, os gestos que faria... O Ratto até comentou: "Oscar, você não mudou nada. Treina para as palestras do mesmo modo que fazia no basquete!" Ele estava certo! No meu aprendizado para ser o melhor palestrante, treinei muito! Até "exercitei" um toque teatral nas falas e expressões. E criei uma forma engraçada de contar certas passagens.

Antes eu jogava pelo meu time, por mim. Com as palestras, passei a "jogar" pelo colaborador e pela empresa que me contrata. Meu "jogo" tem de melhorar o resultado, motivar e elevar a estima dos colaboradores da empresa. Entendi melhor o sentido da palavra "doação". Por isso, digo a eles sem medo de errar: "Não acredito em sorte, só em trabalho".

Sabe... Acredito e confio muito no ser humano, no sentimento e na sensibilidade das pessoas. Ainda não inventaram iPhone, iPad, iMac ou qualquer outro i... que substitua ou simule essa característica humana.

7
LIÇÕES DE VIDA

Eu já contei a você que parei de jogar em 2003. Para o atleta, encerrar a carreira é cortar um pedaço de si. Na verdade, essa não foi a única vez que eu, se é assim que podemos dizer, parei de jogar. Eu já havia cortado outro pedaço de mim, talvez o mais sensível.

Aconteceu em 1996. Naquele ano, disputei a minha quinta Olimpíada, a de Atlanta, nos Estados Unidos. Era mais uma chance, e também a última, de ganhar uma medalha. No cruzamento de chaves, enfrentamos os Estados Unidos nas quartas-de-final e fomos derrotados. E eles foram, novamente, os campeões olímpicos. Ainda jogamos contra a Grécia, para brigar pela quinta posição. Perdemos e terminamos em sexto lugar.

Sabe o que aconteceu logo depois das Olimpíadas? Virei a bola da vez. Aonde fosse, eu fazia o maior sucesso. As pessoas vinham falar comigo. Recebi até convite para... para... para posar pelado numa revista! Era uma grana pesada: talvez uns R$ 800 mil. Mas não aceitei. Não recrimino quem faça, mas pulei fora. Isso tiraria valor da minha trajetória. Diminuiria a credibilidade que conquistei do torcedor.

Adoro o contato com os fãs. Sou o Oscar Schmidt do basquete graças a eles, pessoas das quais conquistei a admiração. Mas criam cada situação... de chorar de rir. Vale tudo por um autógrafo.

Vou contar duas passagens hilárias. Ambas em aeroportos, ambas em banheiros. Na primeira, eu estava em pé fazendo xixi naqueles vasos de parede. Bem na hora mais agradável, de sentir a bexiga esvaziando, vem um sujeito e fala: "E aí, Oscar!" – e dá um tapa nas minhas costas – "Dá *pra* você me dar um autógrafo?"

Ah... eu respondi na lata: "Claro! Agora... ou você segura aqui enquanto eu termino, para que eu possa autografar, ou espera acabar o meu xixi". O cara ficou vermelho, roxo, verde... Enfim... se tocou e disse: "Desculpe aí, Oscar. Claro, eu espero...". Ainda bem que ele escolheu a segunda opção...

Outra situação divertida aconteceu no Aeroporto Santos Dumont, no Rio de Janeiro, em uma viagem com o time. Estava no banheiro. Daquela vez, não era só xixi. Precisava fazer, como as crianças adoram dizer, o número um e o dois. Então, entrei numa daquelas cabines do banheiro, tirei uma revista da sacola e comecei a ler. Imaginei que pudesse demorar um pouco.

Pois não é que depois de alguns minutos um rapaz passa por debaixo da porta uma folha e uma caneta e diz: "Oscar, eu sei que você está aí! Quebra essa... Dá um autógrafo". Eu não sabia se ria, chorava, ou dava o autógrafo, o que acabei fazendo.

Bem, mas diversão à parte, a vida me ensinou várias lições. Acredito que tenho sido um excelente aluno.

Aprendi a ter confiança. Nunca perca a confiança. Ela é a sua maior força. Sem confiança, você não chega a lugar algum! Graças à confiança, eu arremessava para acertar a cesta e não apenas para fazer média ou chutar sem perspectiva.

Amar o que faz é outro ponto importante, crucial. Sempre vivi para jogar basquete. Infelizmente, havia quem jogasse para viver. Fuja disso! Não deixe que sua atividade se torne apenas um trabalho, um meio de pagar as contas.

Foco na sua atividade. Não disperse ou gaste energia com pensamentos e atividades que em nada ajudarão o que você conhece e ama fazer.

Apoio da família. Ela representa o maior tesouro e patrimônio que temos. Nunca traia a família. Quem trai a família trai qualquer um.

Tenho apoio irrestrito da minha esposa, Cris, e dos meus filhos, Stephanie e Felipe. Tenho enorme respeito pela minha carreira. Eles também. A Cris é uma grande parceira.

Como já contei, começamos a namorar quando eu jogava no Palmeiras e estava com a perna engessada. Eu a convidei para um programa "superlegal". Eu disse: "Cris, você quer ir comigo até a quadra? A gente conversa, troca ideias, fala da vida, você me passa umas bolas para eu arremessar...".

Pois ela caiu na armadilha e aceitou o "convite". Coitada, de tanto passar a bola, ficou com o braço doendo. E não é que no dia seguinte a Cris estava lá, comigo, de novo? Passava bola e eu arremessava. Passava bola e eu arremessava...

Na hora, eu pensei: "Ela se dispôs a vir comigo outra vez para me ajudar a treinar. A Cris é a mulher da minha vida! Vou me casar com ela. Até porque, se a gente se casar, vou ter gandula de graça para o resto da carreira!"

Sou grande admirador da obstinação pelo sucesso e pela vitória. O obstinado supera o cansaço, a dor, as dificuldades. O obstinado busca ser o melhor naquilo que faz.

Humildade! Isso nunca pode faltar. Na derrota e, principalmente, na vitória, humildade sempre! Saiba pedir desculpas; esse é um ato nobre.

Tenha paciência. Dê tudo de si e não se afobe. Saiba aguardar o momento certo. Aprenda a administrar a ansiedade.

Superação. A vida é uma montanha-russa. Nos momentos de baixa, temos de nos fortalecer. A vitória sucede o sofrimento, o treino. Dê sempre o melhor de si.

Criatividade! Esse componente diferencia as pessoas. Quanto mais criativo você for, mais destaque e diferenciais você agrega.

Erros. Trate-os como merecem: com cuidado, atenção e avaliação. E, o mais importante: assuma-os! Ninguém erra por você. Não tente encontrar culpados por algo que não saiu como o esperado. Bata no peito e reconheça que faltaram criatividade, obstinação, superação, paciência, humildade, talvez apoio da família, foco, amor ao que faz e confiança.

Perceba que tudo de que a gente precisa para ter sucesso também pode nos induzir ao erro. Por isso reforço a tese: não acredito em sorte, acredito em trabalho.

Você precisa definir o que quer da sua vida. Aprendi isso desde pequeno, com meus pais. Eles me ensinaram a ter dignidade, honestidade, civilidade. Sim... isso vem de berço.

Em 1995, quando voltei a jogar no Brasil, coloquei na cabeça que queria ser presidente do país. Virou uma meta. Imagine só que idiotice. Eu não saberia conviver com escândalos. Se um ministro meu aprontasse alguma lambança, não sei o que seria capaz de fazer.

Então me aventurei na política. Primeiro em 1997, quando fui secretário municipal de Esportes do governo Celso Pitta. Eu sou tão CDF. que tomei posse na secretaria e no primeiro dia de trabalho cheguei ao escritório antes das oito da manhã. Para minha surpresa, lá só estávamos eu e o vigia.

Na época, eu jogava no Barueri e treinava à noite. Durante o dia trabalhava na secretaria e levava para o gabinete gelo e aparelhos para tratar alguma lesão ou melhorar a condição física..

Também me filiei ao PPB, Partido Progressista Brasileiro, e saí candidato ao Senado por São Paulo. Isso aconteceu em 1998. Enfrentei o Eduardo Suplicy, que concorreu pelo PT.

Minha campanha foi incrível. Tive uma votação bastante expressiva. Ao final, recebi 5,75 milhões de votos contra 6,71 milhões do Suplicy. Como primeira experiência na vida pública, o resultado me impressionou. Se eu tivesse seguido na política, teria conseguido me eleger para alguns cargos. Mas política não tem nada a ver comigo.

Considero esse o maior erro da minha vida. Errei, mas aprendi; nunca mais disputei nada. Vivi a experiência e não vou mais me meter com política. Para você entender como isso mexeu com a minha estrutura, já disse que tenho uma família maravilhosa que amo de paixão.

Na minha frente, minha mãe e minha esposa davam a maior força. Nas orações, a Cris e minha mãe pediam para eu não ganhar. A dona Janira me contou que ficava de joelhos com o terço nas mãos, rezando e pedindo a Deus para me proteger e não me deixar ganhar. Fez até promessas. Depois, ela me disse: "Meu filho, você é um homem do esporte, defendeu sua pátria no basquete. Política não foi feita para você. Nada pode manchar aquilo que você construiu na trajetória esportiva".

Dali em diante, convites não faltaram. Sempre tem algum político que me liga propondo conversar. A resposta é sempre a mesma: "Obrigado, não tenho interesse".

Amo a minha vida. Curto a família e faço apenas o que gosto: palestras, viagens, jogar futebol... O estágio maior da independência é você ter poder de escolha para dizer *sim* ou *não*. Conquistar tal estágio é muito difícil. Por isso, preze o direito da escolha; preze o alto preço pago pela conquista da liberdade.

8
COMPROMETIMENTO

"Oi, você é o Oscar? O que está fazendo aqui?"

"Estou vendendo motos".

"Que legal, Oscar. Me dá um autógrafo? Podemos tirar uma foto?"

"Claro..."

Esse diálogo se repetiu por várias vezes quando eu tinha uns 19 anos. Na época, estudava pela manhã e treinava à noite; já era conhecido e estava na seleção brasileira. Jogar basquete não rendia tanto. Eu precisava de dinheiro para viver.

Assim, durante as tardes eu trabalhava com publicidade e também vendia motos numa concessionária. Fiz isso por algum tempo para ajudar no orçamento. Era comum me reconhecerem durante as vendas. Eles me abordavam, conversavam, tiravam fotos, pediam autógrafos e não compravam nada. Ao final de cada atendimento, eu pensava: "O que eu estou fazendo aqui? Só estou atrapalhando a minha carreira".

Aquilo serviu para me mostrar que não há como ter sucesso se não houver comprometimento. O que significa ser comprometido? Na minha análise, é fazer e dar o seu melhor, superando as dificuldades sem perder o foco.

Vamos supor que você seja comprometido com o trabalho que realiza. Surge uma proposta para trocar de emprego e você decide aceitar. Sabe o que vai acontecer? Você vai deixar saudades. Vai deixar bons exemplos. Vai deixar legados. Você escreveu uma linda história naquela empresa.

Não é só o dinheiro que traz felicidade. Se você conseguir um merecido aumento por seu excelente desempenho, mas não receber um elogio, um mero "parabéns", fica um vazio. Esse é o reconhecimento completo: moral, emocional e financeiro.

Aconteceu comigo. Depois de atuar por oito temporadas no Caserta, acertei de jogar no Pavia. Não demorou muito e chegou o dia de enfrentar os jogadores do Caserta na casa deles, que tinha sido a minha até dias antes. No vestiário, sentia frio na barriga. Imaginava como seria a minha entrada em quadra. E sabe como foi? O ginásio veio abaixo. Os torcedores gritavam meu nome.

Começou o jogo. Meti a primeira bola de três. A torcida do Caserta vibrou. E a cada cesta que eu fazia eles comemoravam contra o próprio time. Foi a primeira e única vez que isso aconteceu na minha carreira.

Tem mais: dois clubes brasileiros e dois europeus aposentaram o número de camisa que eu usava.

Comprometer-se é saber renunciar. Isso é ingrediente do sucesso. Amo os meus familiares. Mesmo assim, pelo basquete e palestras deixei de estar com eles em várias ocasiões. Digo isso porque tê-los ao meu lado é sempre uma oportunidade de felicidade.

Renunciei usufruir das férias. Como os calendários da Europa e da América são diferentes, nas férias italianas eu geralmente defendia a seleção brasileira. O primeiro período de descanso mais longo só aconteceu quando eu estava com 34 anos.

Renunciei à NBA. Não trocaria o basquete profissional norte-americano por defender a seleção brasileira. Foi uma decisão exclusivamente minha!

COMPROMETIMENTO

Aproveito para dar uma explicação. Antes da Olimpíada de Los Angeles, em 1984, participei do *draft* da NBA, que é o processo de seleção e alocação de jogadores em times que disputam a competição. Passados os Jogos Olímpicos, fiz o *campus* da equipe do New Jersey Nets. Fui selecionado na sexta ronda, tendo sido a escolha de número 144 no quadro geral de definição dos jogadores. Queria me testar, saber se era capaz de ter destaque no basquete profissional. Foi um período de duas semanas, uma de treinos e outra de jogos. Coloquei uma meta: marcar um ponto por minuto: se jogasse 20 minutos, faria 20 pontos; se atuasse 30 minutos, faria 30 pontos.

Depois da semana de treinamentos, na qual marquei presença com os arremessos, fomos fazer os confrontos contra os novatos de outros times. Enfrentei Charles Barkley em duas partidas. Ele não me achava em quadra. Fui cestinha dos cinco jogos que disputei.

Ao final da etapa de treinos, a direção do New Jersey Nets me ofereceu um contrato. A grana era parecida com a que eu ganhava na Europa. Eu agradeci e disse: "Não posso aceitar. Só desejava mesmo saber se eu era capaz de ser selecionado. Quero continuar a defender o meu país. Se aceitar o contrato e me tornar profissional, eu não posso mais servir o Brasil". Ainda insistiram nas temporadas seguintes, mas continuei a recusar os convites.

Ah... Naquele *draft* de 1984 foram selecionados Charles Barkley, John Stockton, Hakeem Olajuwon e... e... e o gênio Michael Jordan!

O momento que eu mais ansiava nos confrontos entre seleções mundiais era a hora em que tocavam o hino nacional. Eu cantava a letra do começo ao fim. Ficava e ainda fico arrepiado.

E, quando a música parava e a torcida continuava a cantar o hino, eu entrava em delírio.

Desde pequeno sou muito patriota. Com 7 anos pedi para a minha mãe comprar uma bandeira brasileira e um globo terrestre para colocar na minha mesa de estudo. No colégio eu sempre queria ser o porta-bandeira nas comemorações do 7 de Setembro.

Tenho orgulho do meu país. Nacionalismo é algo muito sério. Amor à pátria também. Por isso, registro aqui o que para mim foi o momento mais deprimente que vi no esporte. A seleção de futebol peruana empatou com a seleção brasileira em um jogo que era válido pelas eliminatórias da Copa de 2002. A torcida, revoltada, queimou e danificou bandeiras brasileiras. Eu sou patriota e isso agride a minha essência.

Renunciei a certos prazeres da vida, o que representa a extensão do treino em quadra. Nunca fiz extravagâncias ou atividades que pudessem prejudicar minha carreira. Eu descansava muito, dormia cedo, me alimentava bem, nunca fumei ou tomei bebidas alcoólicas... Na Itália, nos ofereciam vinho nas refeições, mas eu pedia um refrigerante.

Procurava maximizar o tempo. Na Itália, acordava cedo, tomava o café da manhã que a Cris já deixava pronto e ia para o ginásio treinar umas quatro horas. Para ganhar tempo, depois do banho no vestiário eu já colocava um pijama por baixo do agasalho.

Chegava em casa, almoçava, tirava o agasalho e já estava de pijama. Dormia umas duas horas, acordava, tomava um lanche e voltava para mais quatro horas de treino. Outro banho, pijama, agasalho e voava para casa. Jantava, tirava o agasalho, escovava os dentes e já ia para a cama.

Essa era a minha rotina. E ainda tinha de arrumar disposição para fazer filhos à noite... Consegui fazer dois! A menina se chama Stephanie. Ela estudou teatro e é *chef* de cozinha. Concluiu um curso de pães e doces nos Estados Unidos. Ela é supercarinhosa e companheira.

Já o menino, Felipe, com 14 anos foi morar e cursar a High School nos Estados Unidos. Ele cresceu jogando basquete. Atuou comigo no Flamengo quando estava com 16 para 17 anos e tinha terminado aquela etapa dos estudos. Era armador, ou como se diz em inglês, *point guard*, ou PG. Eu usava a camisa 14 e o Felipe a 41. Lembro que contra o time do Mogi ele entrou no finalzinho do jogo e meteu duas bolas de três pontos. O pessoal zoou demais e deu um monte de "pedala" nele, que são aqueles tapinhas na nuca. Eu também tirei uma casquinha...

Depois de atuar por uma temporada no Brasil, o Felipe entrou na Florida State University, onde cursou e se formou em Relações Internacionais. Simultaneamente, estudou Sociologia, que acabou não completando. Depois, resolveu fazer um curso de especialização em cinema, carreira que está seguindo. Ele vai dirigir um documentário sobre nossa conquista do Pan-Americano de 1987.

O Felipe não quis seguir carreira no basquete. Meu filho ganhou um título nacional pela Flórida, o mais significativo da universidade. Eu assisti a uns dez jogos até a final e dei um monte de autógrafos. Ficava na torcida gritando para ele chutar de três. O Felipe foi eleito o melhor jogador das finais. Lembro que depois do jogo fui cumprimentá-lo. Dei um abraço e um beijo nele e disse: "Filho, tenho enorme orgulho de você". Ele ficou bastante emocionado e respondeu: "Você não tem noção da importância de ouvir isso do meu maior ídolo".

Ele gostava do basquete, mas talvez não o amasse. Teve um ano em que ele foi cortado da equipe da universidade e recebeu convites para jogar e estudar em outras instituições norte-americanas. Mas ele não aceitou. Eu o apoiei em sua decisão. Certamente, se continuasse, poderia sofrer a pressão de ser o "filho do Oscar".

Minha mulher ajudou demais a suportar a pressão de jogar na Europa. Nem telefone eu podia atender em casa. Só podia descansar. Às vezes, quando nossos filhos eram pequenos, choravam na madrugada e eu ameaçava levantar. A Cris não deixava, e dizia "Fique deitado! Eu cuido de tudo. Faça o seu benfeito que eu faço o meu! Você descansa, treina e joga, e eu cuido da casa e da família". Ela não me deixava fazer nada! Uau! Que mulher, que companheira!

Sou uma pessoa de hábitos simples. Nunca bebi ou fumei. Não curto festas e grandes comemorações. Adoro tomar café com leite e assistir a filmes com a família. Principalmente, comédias do tipo pastelão, como as do Steve Martin. Às vezes eu perturbo o pessoal lá de casa com algumas piadas infames. A que eles mais detestam é: "Você sabe por que não existe pão no Japão? É porque *Já é Pão*...". A cara que você fez é a mesma que eles fazem...

Ah... outra pergunta que sempre ouço: "Oscar, se você não fosse jogador de basquete, qual teria sido sua profissão?"

Pasmem... Eu seria engenheiro eletrônico do ITA. Assim como aconteceu no basquete e com as palestras, pode ter a certeza de que eu também teria sucesso. Renunciaria a muita coisa pela carreira. Da mesma forma, seria altamente empenhado, dedicado à profissão e também comprometido!

9
VENCER

Sabe onde se começa a vencer um campeonato? Sabe quando se inicia a conquista de um título? No primeiro jogo da competição. É quando as qualidades e capacitações da sua equipe são colocadas à prova.

Pensar que um título se vence simplesmente na final é um erro. Não é apenas no último treino, na união e na força mútua, nos acertos... Tudo começa no primeiro jogo da competição.

Perder o primeiro jogo gera uma pressão prematura. Ela é boa, deixa os jogadores ligados e precisa ser usada em favor do grupo de trabalho. Quando uma equipe está pressionada, é a hora ideal de falar, colocar a realidade para o grupo: brigue quando tiver de brigar, sorria quando tiver de sorrir, critique quando tiver de criticar, elogie quando tiver de elogiar. Faça o que precisa ser feito!

A pressão foi minha grande companheira durante a carreira de jogador de basquete. A pressão de acertar a linguagem e a mensagem para o público da empresa que me contrata para a palestra continua ao meu lado. A pressão é a grande companheira de quem tem veia de campeão, seja no esporte ou no mudo dos negócios.

Quem trabalha sob pressão enfrenta e ultrapassa barreiras. Quem não suporta pressão entrega os pontos e contenta-se com posições intermediárias.

Autenticidade é outro componente dos vencedores! É fundamental para consolidar a relação das pessoas. Aplico isso também em casa. Digo sempre aos meus filhos: "O importante é ser feliz e fazer aquilo de que a gente gosta. Assim fica mais fácil e agradável se doar. Nunca desistam dos seus objetivos. Se vocês errarem, não entreguem os pontos com facilidade; tentem novamente. A repetição corrige o erro e melhora o ato".

Não elogio os meus filhos sem que eles mereçam. Isso pode parecer duro, mas é verdade. Não posso enganá-los. Sou extremamente crítico em relação a eles.

Minha filha é *chef* de cozinha. Eu sou cobaia dela. A Stephanie começou a fazer sobremesas e passei a ser o provador oficial dos doces que ela prepara. Eu poderia elogiá-la sempre, independentemente do resultado. Será que se eu agisse dessa forma ela cresceria como pessoa e como profissional? Claro que não.

Toda vez que provo e digo que o doce pode ficar melhor, a menina fica chateada. Mas, com isso, ela já traçou um objetivo: melhorar a *performance* e o resultado final. Então, a Stephanie repete a receita até acertar, até que a sobremesa fique saborosa.

Do mesmo jeito que critiquei, quando fica bom, no ponto, também elogio: *está delicioso*! Aí eu percebo pela fisionomia que a Stephanie fica radiante. Ela sabe que conseguir aquele elogio foi difícil e que era sincero. Isso traz outro valor ao elogio. Transforma em sentimento de conquista.

A representatividade e a participação dos pais na vida dos filhos são vitais para que eles vençam em suas trajetórias. Os pais têm ainda em seu favor aquilo que chamamos de *feeling*, o instinto. Eles sabem e sentem no coração o que se passa com os filhos.

A minha mãe, por exemplo, pressentia o que ia acontecer comigo em quadra. Às vezes eu não estava bem no jogo. De repente, ela profetizava: "A luz do Oscar acendeu. Ele começou a brilhar. Vai estraçalhar no jogo". E não é que acontecia isso mesmo? Meu pai e meus irmãos, que geralmente a ouviam dizer isso, me contavam depois.

Mas não podemos misturar as estações. O Oscar Schmidt desempenha um papel na vida profissional, seja como atleta ou palestrante. Em casa, os papéis são outros: os de marido e de pai. Embora existam semelhanças, as bases da metodologia e da didática são diferentes.

Sempre admirei pessoas vencedoras. Entre elas, destaco o técnico Claudio Mortari. Ele tem um currículo impressionante! Ganhou tudo o que disputou! É sempre um grande nome para dirigir a seleção brasileira. Um predestinado a vencer.

Assim como eu, o Claudio Mortari nunca teve medo de errar. A vida é feita de erros e acertos. Quem tem medo de errar acerta e vence menos. Campeão é quem acerta bem mais do que erra, apesar de também errar. O campeão sempre tem mais atitude e disposição para realizar do que os outros competidores.

A emoção da vitória é mais curta do que a da derrota. Seremos mais lembrados pelos nossos erros, principalmente quando são decisivos, e menos pelos nossos acertos. Uma das gerações mais brilhantes do futebol, que teve Falcão, Sócrates, Zico, Júnior e tantos outros gênios da bola, carrega consigo a derrota e a desclassificação na Copa de 1982 para a Itália, que se sagrou campeã mundial naquela edição.

O técnico da seleção era o Telê Santana, chamado de mestre, tal sua capacidade e conhecimento de futebol. Telê só apagou a "fama" de perdedor depois de dirigir o São Paulo e ganhar vários títulos, entre eles, ter sido bicampeão mundial de clubes.

Os vencedores são também estrategistas. Eu utilizo estratégias. No basquete, por exemplo, eu tinha uma estratégia para enfrentar a marcação adversária e me livrar dela. Nas palestras, acontece o mesmo. Tudo o que eu falo, a forma como brinco, aquilo que mostro ao público, o jeito como eu abro e encerro a palestra, são estratégias pensadas para a criação de um enredo.

Na verdade, para viver e sobreviver num mundo tão eclético, repleto de perigos e oportunidades, só mesmo utilizando e aplicando estratégias. A vida é uma grande estratégia!

No basquete, assim como nas palestras, existem dois momentos estrategicamente decisivos: os cinco minutos iniciais e os cinco minutos finais.

No basquete, nos cinco minutos iniciais você tem a chance de assumir o comando da partida; na palestra, é quando você conquista a plateia. No basquete, nos cinco minutos finais você precisa errar pouco e manter o domínio de bola, fatores que lhe darão a vitória; na palestra, nos cinco minutos finais você emociona, deixa uma mensagem, um legado que a plateia levará consigo para refletir e aplicar na vida pessoal e profissional.

Mas também nos momentos iniciais e finais temos de estar fortalecidos emocionalmente, porque o nervosismo pode atrapalhar. E só há um jeito de fazer com que essa instabilidade não destrua a vitória: a certeza de estar bem preparado, conhecer a fundo o que faz e estar muito bem treinado. Adapte a palavra treino à sua vida, à sua atividade.

Uma última dica sobre "treinar":

Para ser campeão, para ser vencedor, a vontade de treinar precisa ser maior que a vontade de vencer!

10
OSCAR E MARCEL, UMA HISTÓRIA À PARTE

"**Com Oscar e** Marcel no time a bola tem de cair nas mãos deles. Só passa e troca bola quando não dá mesmo para eles arremessarem".

Essa era a recomendação de Ary Vidal. Na seleção, ele queria que a gente jogasse como as equipes da NBA. Quem tem talento nas alas precisa arremessar e marcar pontos. Essa orientação contrastava com aquilo que a grande maioria desejava. O pedido era para que trocássemos bola em quadra. O Ary exigia que dessem a bola nas mãos do Marcel e na minha para que a gente chutasse.

Sob o comando de Ary Vidal o basquete masculino e a minha geração viveram um período de conquistas e excelentes colocações. Fomos campeões do Pan-Americano de Indianápolis, em 1987, campeões do Torneio Pré-Olímpico das Américas e do Sul-Americano, e ficamos em quinto lugar na Olimpíada de Seul, em 1988. Também ficamos em quarto no Mundial da Espanha, em 1986. Esse foi o melhor período da minha geração.

Além do Ary Vidal, quero falar do Marcel. Um amigo, um irmão. Talvez vocês não saibam, mas, mesmo sendo tão amigos, brigávamos demais. As discussões tinham seus objetivos: melhorar, vencer jogos e ganhar títulos. Ao lado do Marcel ganhei muitos títulos. Na minha carreira ganhei muitos títulos: venci 49 das 72 finais que disputei, sendo 24 em competições amadoras e 25 em profissionais.

Eu podia falar e reclamar dele porque eu jogava muito. Ele podia falar e reclamar de mim porque ele jogava muito. Torço para que na sua equipe você possa ter jogadores de alto nível.

A primeira vez que o Marcel e eu estivemos juntos foi no Brasileiro Juvenil de Fortaleza, em 1973. Eu jogava por Brasília, apesar de ainda não ser juvenil. No mesmo ano, fomos disputar com a seleção brasileira juvenil um campeonato na Argentina, em 1974. Foi a primeira vez do trio Marcel, Gílson e Oscar em quadra. Um trio que defendeu a seleção por muitos anos. Eu ainda era pivô. O Maury, irmão do Marcel, também estava nessa seleção.

Nessa competição, Marcel e eu nos tornamos amigos. Andávamos juntos para todo lado. O Marcel é dois anos mais velho do que eu; ele é de 1956 e eu de 1958.

Em 1975, defendemos o Brasil no Sul-Americano. O time era: Saiane na armação, João Marino e Marcel de alas, eu e o Gílson de pivôs. Na seleção adulta, comecei a querer furar a hierarquia dos pivôs, que tinha nomes como Ubiratan, Marquinhos, Adílson e Gílson. Foi aí que o Bill Klucas me deslocou para ala no Palmeiras e passei, então, a fazer dupla na posição com o Marcel na seleção.

Mas vale uma ressalva: no início, o Ary Vidal adorava meu estilo de jogo e a pontaria certeira nos arremessos. E não é que o Vidal me colocou de ala justamente no lugar do Marcel? Pois o Marcel é genial: para ganhar espaço no time, ele começou a jogar, além de ala, de armador.

Em 1977, o Marcel já estava estudando Medicina; ele se formou anos depois. Lembro que ele sempre comentava como era difícil conciliar o basquete com os estudos.

Eu era um dos poucos que faziam do basquete o foco principal. A grande maioria jogava basquete, mas tinha um bico. Eu falava para o Marcel: "Vou viver do basquete!" Ele dizia que eu era louco.

A única coisa de que não abri mão foi de estudar. Era uma promessa que fiz ao meu pai. Cursei duas faculdades: Economia, no Mackenzie, e depois entrei em Educação Física, na FMU, que tive de abandonar quando fui jogar fora do Brasil.

Em 1979, o Marcel e eu jogamos pelo Sírio numa temporada fantástica. Conquistamos tudo o que disputamos: o Campeonato Mundial Interclubes de Basquete, o Campeonato Paulista, o Campeonato Brasileiro e o Campeonato Sul-Americano Interclubes. Que saudades daquela época!

Aliás, depois que ganhamos o mundial pelo Sírio, eu passei a dar tantas entrevistas que senti o peso do título. Aprendi também que quando se alcança uma grande conquista logo chegam a responsabilidade e a cobrança.

Como já disse, em 1982 fui jogar na Itália. No ano seguinte, a equipe do Alno Fabriano Basquetebol perdeu um jogador iugoslavo que era destaque do grupo. Aos 28 anos ele teve um AVC, Acidente Vascular Cerebral. Não tive dúvidas: indiquei o Marcel e banquei: "É o jogador certo para a vaga!" Ele foi contratado e jogou três temporadas na Itália.

Eu disse por algumas vezes que era finalizador e não marcador. Mas vale uma ressalva: não dá para jogar basquete na Europa por 13 anos e não defender em quadra. Talvez essa não fosse minha grande qualidade, mas eu defendia dentro do possível. Na Itália, cheguei a marcar grandes alas europeus e norte-americanos. E quando o Marcel foi jogar lá comigo também defendeu.

Oscar e Marcel... Marcel e Oscar... Que dupla do barulho! A gente era mesmo f***! Uma dupla extremamente competitiva. Depois do treino, se eu ficasse arremessando, ele também ficava, e vice-versa; um esperava o outro para terminar o treino.

O zelador do ginásio perguntava: "Hei! Vocês não vão parar de treinar? Tenho de fechar o ginásio!" Ele começava perguntando, mas depois de um tempo, como a gente não dava ouvidos, apagava as luzes e expulsava a gente da quadra.

O pessoal do time ia tomar banho logo que o técnico encerrava o trabalho. Depois, eles iam para o ônibus e ficavam esperando a gente chegar, p**** da vida conosco.

O Marcel e eu dávamos mesmo o exemplo. Imagine dois líderes de 30 anos se esforçando mais que todos no grupo, inclusive mais que a garotada. Éramos referências para os mais jovens. A seleção treinava duas vezes por dia e a gente treinava quatro. Os caras chutavam cem bolas e achavam que tinham feito muito. Eu chutava mil. O Marcel também chutava muito. No Brasil ninguém fazia isso; na Itália, tampouco. Na Itália, a segunda-feira era o dia livre dos jogadores. Mas para a gente era dia de treino.

Na seleção brasileira, se tínhamos um jogo domingo à tarde, o Marcel e eu treinávamos pela manhã. Ninguém fazia isso! Por esse motivo, os técnicos que nos dirigiam viam a nossa dedicação e nos respeitavam.

Nos períodos preparatórios da seleção para as grandes competições, o time ficava concentrado por um longo tempo. O roupeiro, seu Chico, acordava o Marcel e a mim às sete da manhã, e íamos correr antes do café. Quando terminava o treino, permanecíamos ainda por um bom tempo arremessando. À tarde, chegávamos para treinar arremessos antes dos outros jogadores. E, depois do treino, ainda chutávamos mais bolas.

Agíamos assim porque gostávamos do basquete, porque queríamos melhorar sempre e evoluir. Pena que a medicina tomou grande parte do tempo do Marcel. Mesmo assim, avalie o que ele fez na carreira.

O Marcel nem tanto, mas eu tive de conviver com a pressão das críticas de que eu chutava demais. Essa era a minha grande arma. Estatisticamente, eu tinha mais de 50% de acertos nos arremessos de dois pontos, mais de 40% nos de três pontos, chegando a quase 50% em algumas temporadas e 90% em lances livres. É estatística de jogador *top* da NBA. Estatística do meu grande ídolo, Larry Bird.

Marcel... Que saudades da gente em quadra... Pena que você não faz palestras. Senão, formaríamos uma belíssima dupla! Repetiríamos o sucesso que tivemos em quadra.

Quando fiz a primeira cirurgia para tirar um tumor da cabeça, os irmãos Marcel e Maury foram me visitar. O Marcel até brincou: "Você veio operar ou está de férias?", tal o clima descontraído que estava no quarto. Relembramos que, quando jogávamos juntos, eu ia no ônibus interpretando as piadas do humorista José Vasconcelos. Era muito engraçado.

Naquele dia, quando nos despedimos, o Marcel falou: "Oscar, você é um leão! Um cara que supera limites". E eu respondi: "Nada disso, Marcel. Limites a gente não supera. Limites a gente expande!"

11
VALORES

Tem hora que a gente fala demais. Em uma ocasião, em 1995, estávamos no Pré-Olímpico da Argentina e a seleção estava mal na competição. Só mesmo um milagre levaria o Brasil para Os Jogos Olímpicos no ano seguinte, em Atenas. Se conseguíssemos a vaga, eu disputaria a minha quinta olimpíada.

No desespero, fiz uma promessa pública: "Se o Brasil se classificar para Atenas, ficarei um ano sem tomar Coca-Cola". Eu amo Coca-Cola. Então... No dia seguinte aconteceram os resultados mais incríveis e o Brasil se classificou... e eu tinha de cumprir a promessa!

A imprensa não perdoou: manchete nos jornais, nas rádios e TVs: "Oscar vai para quinta Olimpíada e ficará um ano sem tomar Coca-Cola".

Uma semana depois passou um caminhão lá em casa e despejou uma p****** de engradados de Coca-Cola e Fanta. Dias depois, participei do programa do Faustão e contei que comia 150 bananas com Neston por semana. Recebi tantas latas de Neston, da Nestlé, que praticamente enchi um quarto com elas. Assim também aconteceu com o bombom Sonho de Valsa; recebi um montão de graça.

Aí comecei a elogiar a Mercedes, a BMW, a Volvo... mas até agora ninguém mandou um carro lá *pra* casa, não...

Participei de tudo quanto era programa e fui contratado para inúmeras propagandas. Foram 134 comerciais diferentes. Entrei em cada roubada... Algumas marcaram, como a que eu soletrava o nome do Ginsana, indicado para aumentar a longevidade e a qualidade de vida. Eu dizia no final: "Gin-sa-na". Nessa época, eu não podia andar na rua que o pessoal olhava para mim e falava: "Gin-sa-na!" Eu gargalhava com aquilo.

Particularmente, me considero uma pessoa de sucesso. Tenho sucesso pessoal. Tenho sucesso profissional. Mas sabe por que eu tive esse sucesso todo? Porque escolhi valores para aplicar na minha vida. Quero compartilhá-los com você. São eles:

Visão – Decisão – Obstinação – Paixão

Vou falar sobre cada um deles. Inclusive um pouco mais sobre a obstinação.

O que é **Visão**? Muita gente confunde visão com sonho. Mas sonho sem treinamento não vale nada. É perda de tempo. Visão é saber que se eu treinar muito chegarei à seleção. Visão é uma forma de transporte para o futuro. É o somatório de visão e antevisão. Eu tive duas grandes visões na minha vida. Bastaram duas.

A primeira foi em 1971. Comecei a carreira numa quadra de cimento e descoberta. Tabela de madeira, às vezes sem rede. Chovia e a gente esperava parar para secar a quadra com rodo. Jogar nela molhada era perigoso. Poderíamos escorregar e nos machucar.

Os meus primeiros três anos de basquete foram nessa quadra. Com 13, 14 anos, eu já chegava antes de começar o treino e ia embora bem depois que acabava. Eu ficava arremessando bolas porque achava que era importante. Logo cheguei ao time titular.

Não demorou e fui convocado para a seleção de Brasília. Entrei em contato com o verdadeiro mundo do basquete. Naquele período, houve um episódio que marcou a minha vida.

O técnico, Zezão, veio avisar: "Parabéns, Oscar, você está na seleção de Brasília". E questionou: "Mas qual é o seu sonho?"

Eu respondi que queria chegar à seleção brasileira. Foi quando ele mandou que eu dormisse com a bola. Contei essa passagem no começo deste livro. Na hora, ingênuo, não entendi que o conselho era uma metáfora. Dormi mesmo, por um tempo, com a bola ao meu lado na cama.

Mas não continuei dormindo com ela: aprendi a colocá-la como ninguém dentro da cesta. Defendi clubes incríveis, participei da maior vitória de clubes que o Brasil já teve. Fiquei 13 anos na Europa. Joguei na seleção brasileira por 24 anos: quatro nas equipes juvenis e 20 na adulta. Nunca ninguém fez tantas cestas quanto eu.

Com 45 anos encerrei a carreira. Eu ia deixar de fazer aquilo de que mais gostava e sabia. Não fiquei rico porque participei de uma fase ainda amadora do esporte. Fui campeão por várias vezes. Embora tenha frequentado duas faculdades, em função do basquete, não iria conseguir investir em outra carreira. Atuei na Europa e não preparei nada paralelo para quando parasse de jogar.

Ser técnico? Nem pensar... Eu mataria o time de tanto aplicar treinos. Seria mandado embora com três derrotas consecutivas. Pelé e Michael Jordan nunca foram técnicos. Nem sei o que passou na cabeça do Maradona para aceitar trabalhar como técnico. Até que ele foi bem. Dirigiu alguns clubes e a seleção argentina na Copa de 2010; já havia disputado outros quatro torneios mundiais como jogador.

Foi nesse momento difícil que eu tive a grande visão da minha vida: "Vou dar palestras." Defini!

Mas quis fazer palestras para ser bom nisso e não apenas porque me tornei um atleta conhecido. Perguntei ao meu amigo Ricardo Andreu como é que se fazia palestra. Ele disse que eu precisava montar a palestra em PowerPoint. PowerPoint? Que p**** era aquela?

Bem... mas levei três meses para aprender o que era o tal PowerPoint. Só sabia mexer com word e e-mail. Sou meio orgulhoso, não queria perguntar a ninguém. Resolvi aprender na marra, fuçando. Ia clicando e descobrindo aos poucos. Debrucei-me nos meus arquivos lá em casa. Colocava fotos, palavras bonitas, vídeos... Até que liguei para um amigo e pedi para apresentar minha palestra na empresa dele, aos colaboradores.

Ele topou! Fui dar o meu recado, fazer a palestra. Que horror! Primeiro erro: apresentei-me de terno, o que não tem nada a ver comigo e com a carreira de esportista. Era um terno verde-escuro. Eu parecia um pepino! Estava nervoso, não sabia como me comportar no palco: deveria andar, ficar parado, sentado, em pé, cruzar os braços, deixá-los soltos...?

Completei a missão. E ainda gravei a palestra! No dia seguinte, assisti à fita. A palestra tinha sido horrível, ridícula. Havia um montão de vícios de linguagem. Repeti "e aí..." umas 500 vezes.

Assisti ao vídeo mais de uma vez, com grande atenção, para eliminar os vícios de linguagem. Até o "é" eu eliminei. Nas palestras, eu falo palavrão porque faz as pessoas rirem. Mas se eu me invocar com eles elimino-os também. Aprenda isto: tenha autocrítica; antes que alguém avalie o seu desempenho, faça-o você mesmo.

Tenho orgulho de falar que em 2013 passei das 700 palestras. Também me permito certos exageros: de 2003 para cá eu trabalho oito meses por ano. Nos outros quatro meses aproveito para viajar e me divertir com a minha família... usufruir o que a vida tem de melhor...

Eu sou pago para fazer palestra. Eu sou pago para falar da minha história. Eu sou pago para compartilhar o que aprendi com as pessoas. Eu sou pago para fazer palestras e quem me contrata me elegeu o melhor palestrante do Brasil.

Decisão! Nós estamos decidindo o tempo todo. É um valor importantíssimo. Decidimos sobre tudo, do mais ao menos relevante. O que vou almoçar, carne ou massa? Com batata, arroz ou espinafre? Esse é o tipo de escolha que não interfere em nada. O máximo que você vai ter, se errar na escolha, é uma diarreia.

Tem decisões muito mais importantes: o que eu vou estudar? Vou jogar na NBA ou defender o Brasil em Olimpíadas? Vou prestar concurso público? Vou comprar uma empresa? Vou montar uma loja nesse ponto? Vou investir dinheiro na bolsa de valores? Devo me casar? Qual postura eu devo assumir em relação à criação dos meus filhos?... E assim segue.

Eu adorava jogar em Brasília. Mas sabia que precisava atuar num campeonato mais competitivo. Estar entre os melhores era a única forma de evoluir na carreira. Decidi, com autorização dos meus pais, jogar no Palmeiras. Aos 16 anos estava na seleção adulta. Passaram-se quatro anos e senti que estava estagnado. Decidi, então, ir para a Europa com minha esposa. Acertei com o Caserta, que estava na série A-2 do campeonato italiano. Subimos para a A-1 na primeira temporada.

"Que sorte!", dirão alguns. Sorte o c*****! Tivemos de abrir mão da estabilidade, da família, dos amigos e da segurança para nos aventurarmos na Europa. Apenas a Cris e eu. Fomos Deus, a Cris e eu. Agora melhorou, né?

Tive de decidir nos momentos mais cruciais da minha carreira de jogador. Por exemplo, no Mundial de 1979, pelo Sírio. A competição foi televisionada para todo o Brasil. Na final, enfrentamos o campeão europeu, o Bosna Saravejo, time da extinta Iugoslávia. O palco foi o Ginásio do Ibirapuera, em São Paulo, que estava lotado.

Faltavam dois segundos para acabar a partida e o Sírio estava dois pontos atrás no placar. Falta em mim. Dois lances livres. Eu estava tão preparado, mas tão preparado, que nem me dei conta da responsabilidade que era ter aqueles lances livres para decidir a partida.

Até me esqueci que no dia do jogo o nosso técnico, o Claudio Mortari, nos fez treinar lances livres pela manhã. Eu tive um péssimo desempenho naquele treino.

Pois lá estou eu, batendo bola para me concentrar. Se eu acertasse os dois arremessos, levaria o jogo para a prorrogação.

Mas sempre tem um espírito de porco... Nesse caso, ele era do meu próprio time. O armador Saiani, o Zé Galinha, sacana como ninguém. Ele adorava aprontar com a gente. Pois lá estou eu batendo bola, olhando para a cesta e me concentrando. Ele encostou do meu lado e disse: "Você foi o pior aproveitamento nos treinos de lances livres pela manhã. Lembra?" Queria mandá-lo para aquele lugar. Como tem gente pessimista nessas horas...

Mas sabe que até foi bom. Fiquei ainda mais ligado nos lances livres. Acertei o primeiro. Voltei a bater bola e a olhar para a cesta e, claro, para a cara do Zé Galinha... Arremessei e... acertei outra. Uau! Empatamos o jogo e não deu tempo para mais nada.

No final da prorrogação, conseguimos vencer apertado. Estávamos quatro pontos à frente. O adversário ainda fez a última cesta. Levamos a melhor: vencemos por 100 a 98.

O prêmio foi o primeiro dinheiro significativo que ganhei na carreira. Torrei tudo! Comprei o carro que mais agradava aos jovens na época: uma Brasília. Rebaixei a caranga, coloquei rodas gaúchas e som TKR, que comprei na Galeria Pajé, local que vendia produtos eletrônicos e aparelhos de som a preços diferenciados.

Obstinação é o nome de uma das minhas palestras. O que representa isso? A obstinação caminha junto com a determinação, a coragem e a ousadia. Alguém nasce corajoso? Claro que não! A coragem desperta e cresce dentro da gente. Quanto mais acertamos, mais corajosos ficamos. Quanto mais ousados, mais corajosos!

Imagine um ginásio lotado, com centenas, milhares de torcedores xingando você. Essa é uma situação desconfortável, de risco. Se meter uma bola de três, fica corajoso para arremessar a próxima. Se conseguir realizar uma jogada de efeito, fica mais ousado para arriscar de novo.

Na vida, as situações certamente se assemelham. Você pode não ser atleta ou jogador de basquete, mas trabalha numa empresa onde as ocorrências podem ser adaptadas. O treino é o seu dia a dia: aperfeiçoar-se naquilo que você faz e adquirir mais conhecimento para melhorar seu desempenho.

Quanto mais eu treinava, mais coragem tinha. Quanto mais preparado você estiver, mais corajoso fica. Todo cara obstinado é persistente. Eu, além de obstinado, era exagerado.

Certa vez, quando estava com a seleção brasileira em Ribeirão Preto, ao fazer xixi numa manhã, minha urina estava marrom. Achei que era hepatite. Pedi para falar com o médico. O doutor perguntou se eu tinha comido algo diferente. Disse que não. As refeições eram conjuntas com os outros jogadores. Comia exatamente a mesma alimentação dos companheiros. Aí ele fez outra pergunta: "E no quarto, você comeu algo diferente?" Bem... a coisa mudou de figura.

Nosso técnico fez uma provocação e disse que a cada rebote que eu pegasse no treino ganharia um Sonho de Valsa. Era meu chocolate preferido. Respondi, então, ao doutor: "Comi uns Sonhos de Valsa que ganhei nos treinos", e contei a ele a história dos rebotes.

Outra pergunta dele, agora a fatal: "E quantos rebotes você pegou?" Na inocência, respondi eufórico: "Peguei 66 rebotes!" O homem não acreditou. Peguei 66 rebotes, ganhei 66 Sonhos de Valsa e, vendo televisão, comi tudo rapidinho! Aquilo parecia amendoim. Por causa da "obstinação", peguei uma intoxicação brava. E *pizza*, então? Amo *pizza*. Eu comia duas *pizzas* gigantes acompanhadas de 12 Coca-Colas médias.

Vou contar também esta, que aconteceu quando eu estava com 14 ou 15 anos. Papai adorava pêssego em calda. Ele passava o dia todo trabalhando e também dava aulas à noite. Quando voltava bem tarde para casa, ele jantava e, em seguida, ia até a geladeira para pegar a lata de pêssegos em calda e comê-los de sobremesa.

Meu pai procurava... procurava... procurava... e não encontrava. "Onde estão os pêssegos em calda?", perguntava à minha mãe. A resposta era sempre a mesma: "O Oscar comeu".

Um dia ele se invocou. Levou-me até a cozinha, abriu duas latas de pêssego e disse: "Você gosta de pêssego em calda, né?" Fiz que sim com a cabeça. "Então, vai comer o que tem dentro dessas duas latas."

"Tá bom", respondi, já colocando o primeiro pêssego na boca.

Minutos depois, tinha comido todos os pêssegos das duas latas. Provavelmente, ainda fiz uma cara de quero mais... Sabe o que aconteceu? Meu pai nunca mais me ofereceu nada...

Bem, mas eu sou obstinado por ser o melhor na minha atividade. Era assim com o basquete. É assim com as palestras. Só tem um jeito de você ser o melhor: treinar, treinar e treinar! E quando você estiver morrendo de cansaço treine mais um pouquinho. Essa carga extra de treino fará toda a diferença lá na frente.

Muitos pensam que vencedores são caras como o Michael Jordan, o Kobe Bryant, o Steve Jobs. Esses caras realmente chegaram lá. Mas e o restante das pessoas? Elas não são vencedoras? Você pode ser um vencedor, por exemplo, sendo um guarda de trânsito. Basta que faça de tudo para ser o melhor guarda de trânsito.

Quem vai dizer se você está fazendo o melhor não é a sua mãe, a sua esposa, o seu amigo ou o seu chefe. Quem dará essa resposta é a sua própria consciência. A minha dizia: "Oscar, pode ir dormir tranquilo, porque não dá *pra* fazer mais!"

O último valor é a **Paixão**. Ainda vou preparar uma palestra com esse nome. A paixão nos faz vencer. Nunca me pesou treinar *pra burro*, porque eu adorava jogar basquete. Eu agradecia a Deus todos os dias porque, além de tudo, ainda recebia para fazer aquilo que amava.

E continuo a agradecer a Ele. Agora, recebo para contar tudo sobre o que eu mais gostava de fazer e as passagens que vivi no basquete. Para falar sobre a minha paixão pelo basquete.

Outra paixão que tenho: o Brasil! Amo o meu país. Defendi o Brasil a minha vida toda, tanto dentro quanto fora das quadras. Passei 13 anos na Itália e na Espanha. Lá só chegava notícia ruim do Brasil: desmatamento da Amazônia, criminalidade, prostituição, exploração infantil, corrupção...

Claro que os gringos não perdiam a chance de me provocar, mas eu já pensava nas respostas para qualquer ocasião. E aí vinha um italiano e soltava esta, com cara de espanto: "Nossa, vocês estão desmatando a Amazônia?". E eu falava grosso, mesmo que discordasse daquilo que iria dizer: "Estamos, sim! Vamos queimar a Amazônia porque é nossa e pronto! Vocês já desmataram a de vocês. Aliás, o que você tem a ver com isso?"

Eu perco a amizade, mas não deixo falar mal do Brasil. Meter o pau no nosso país só o Papa e olhe lá! Aliás, vivi uma passagem maravilhosa com o papa Francisco. Acredito que você tenha visto a imagem. Aconteceu quando ele esteve no Brasil, em 2013. Vamos falar disso também no momento certo.

E a seleção brasileira de basquete... Eu tive orgulho de fazer parte dela por longo tempo. Eu joguei 24 anos de graça. Sabe quanto nos deram pela vitória do Pan-Americano de Indianápolis, em 1987? Recebemos US$ 500,00 como premiação. O Marcel, o Israel e eu não pegamos o dinheiro.

Joguei na seleção desde os 15 anos. Esse tempo todo, com 2,05 metros de altura, viajando de classe econômica. Confortável, né? Imagine, então, as camas que a gente tinha nos hotéis. Chegar à seleção é difícil e se manter lá é mais difícil ainda. Tem sempre alguém que quer pegar o seu lugar. Por isso, cada dia eu inventava uma jogada nova.

Eu, por exemplo, ganhei minha posição de titular com o arremesso "Filho da... BOA". Final do Sul-Americano, na Argentina. O Brasil perdia por dois pontos. Estava no banco e entrei no jogo faltando pouquíssimo tempo para o término do jogo. Alguém precisava chutar para definir. Num momento delicado assim, ninguém queria a bola, que ficou passando de mão em mão. Nessa troca de passes, eu recebo a redonda. Não tive dúvidas: arremessei. Enquanto a bola fazia o trajeto em direção à cesta, eu ouço: "Filho da... BOA OSCAR!"

Claro, acertei! Iam xingar a minha mãe, mas quando a bola caiu na cesta "mudaram" de ideia. Meia dúzia de "filho da BOA" e eu virei titular.

Quem chega a uma posição de destaque e comando na empresa vive o mesmo drama. Antes era liderado, mas passou a liderar. E, se chegou a essa posição, você não tem escolha: terá também de arremessar a bola decisiva do jogo. E, se acertar, eles dirão: "Filho da BOA!", mas se errar... pobre mamãe... você terá de ouvir: "Filho da p***!"

VENCENDO O INVENCÍVEL: OS ESTADOS UNIDOS; VENCENDO O VENCÍVEL: O CÂNCER

Vencendo o invencível: os Estados Unidos

"Quando vai aparecer a nossa grande oportunidade na carreira? Estamos fazendo tudo certo. Treinamos muito, nos dedicamos ao basquete. Estamos prontos para essa grande oportunidade!"

Sempre que servíamos a seleção, o Marcel me dizia isso. Ele estava certo. Pelo nível de dedicação que tínhamos, precisávamos de um título vultoso com a seleção. Nas nossas conversas, imaginávamos que essa conquista de destaque pudesse ser uma medalha olímpica. Provavelmente de bronze.

Não foi em Olimpíadas, mas chegou a nossa hora. Fomos jogar o Pan-Americano de 1987, em Indianápolis. Os Estados Unidos nunca tinham perdido dentro de casa. Venceram a Olimpíada de Los Angeles, em 1984, com Patrick Ewing e Michael Jordan, universitários na época. Venceram o Mundial de 1986, com David Robinson e Steve Kerr, também universitários.

E nós, os brasileiros, o que iríamos fazer lá? Ficar, com enorme boa vontade, em segundo lugar? Treinamos duro por três meses, dois no Brasil e um em Houston. Você não tem noção de como o tempo demorou a passar.

Mas, enfim, chegou o dia da estreia. No primeiro jogo do Pan, ganhamos de Porto Rico com diferença de um ponto. O Gerson fez a cesta da vitória nos últimos segundos. No segundo jogo, quase perdemos das Ilhas Virgens. No terceiro, perdemos para o Canadá.

No quarto confronto, tínhamos a obrigação de vencer; éramos realmente favoritos e derrotamos o Uruguai com larga vantagem. A partir daí, começamos a jogar bem. Tivemos um dia de descanso e pegamos a Venezuela, que era o time da moda. Logo no início do jogo, bombardeamos os caras com bolas de três. Caía tudo. Ganhamos com mais de 40 pontos de diferença.

Chegamos à semifinal. Nosso adversário foi o México, que chutava bola de três tão bem quanto nós. Mais parecia pingue-pongue, ou melhor, tênis de mesa, do que basquete. Jogo forte, era lá e cá, mas levamos a melhor: 136 a 119. Batemos todos os recordes dos placares.

Ai... ai... ai... Quem vence a semifinal chega à... final! Contra quem? Eles! Os norte-americanos. A partida se transformou no evento do ano. Chamadas nas emissoras de TV, tanto no Brasil quanto nos Estados Unidos, inflamando ainda mais o confronto.

Tivemos três dias de descanso. E foram três dias que demoraram a passar, pareciam três décadas. Mal acabava o nosso treino no ginásio em que seria disputada a partida e chegavam os donos da casa. Olhávamos boquiabertos os americanos saindo daquele ônibus bonito, imponente. Passavam pela gente com suas roupas brilhantes e bundas empinadas.

Ficávamos escondidos, vendo o treino deles. Na verdade, eles sacaram que ficávamos por lá e faziam de tudo para nos impressionar. Vinham batendo bola no maior embalo, saltavam tudo o que podiam, enterravam a bola, soltavam gritos, que mais pareciam os de um leão na floresta, e olhavam em nossa direção. Era de c**** de medo! Ninguém conseguia pegar no sono. Às quatro da manhã todo mundo levantava da cama para bater papo.

Finalmente, chegou o dia da grande decisão: 23 de agosto de 1987. Éramos um time de amigos que sempre se divertia e tirava sarro das situações. Nesse dia, fomos para o jogo em silêncio total. Meia hora de ônibus. Dava para ouvir o zumbido de uma mosca. Na saída do ônibus, parecíamos bois indo para o abate.

No vestiário do ginásio, o Market Square Arena, o clima ficou tenso. Cada um se arrumava no seu canto, pensando nas dificuldades da partida. Só tinha um louco que acreditava que poderíamos ganhar: o José Medalha, assistente do nosso técnico, o Ary Vidal. Era até irritante ver o otimismo dele, que dizia: "Acreditem! Vocês vão ganhar e entrar para a história!"

Minutos antes de irmos para a quadra, o Ary Vidal chamou o grupo e se posicionou em frente aos jogadores. Essa é aquela passagem que eu já contei, em que imaginamos que ele iria chacoalhar a gente. Dizer que em quadra eram cinco contra cinco, e tudo o mais... Mas não foi isso que aconteceu. Ele ficou andando de um lado para o outro e soltou a célebre frase: "Juego y nada más!" (Jogo e nada mais!).

Morremos de rir e fomos para a quadra. No ginásio lotado, havia mais de 16 mil torcedores; a torcida gritava o nome dos jogadores dos Estados Unidos. Começa o jogo e tudo acontece como esperado, pelo menos para eles. Os gringos faziam cestas, enterravam e davam tocos para todo lado. A gente não conseguia achar a bola.

Fim do primeiro tempo. Deu a lógica. Fomos para o vestiário perdendo de 14 pontos no placar. No trajeto, falei para o Cadum: "P****, vamos perder de 40 pontos, mas vamos nos divertir. Não tenha medo, solte essa bola, porque no Brasil todo mundo já desligou a televisão".

Voltamos para o segundo tempo. Cinco minutos de jogo e continuamos na mesma m****. Nada de diferente acontecia. O time dos Estados Unidos mandava no jogo. Os destaques do time deles eram David Robinson, Rex Chapman e Danny Manning.

Em um lance, o jogador americano enterrou a bola em cima da minha cabeça e saiu dando risada. O cara não imaginava o que aquilo iria provocar em mim. Comecei a arremessar de três e a vantagem caiu para seis pontos. Nessa hora, tem de usar a pressão psicológica. Eu berrava, em inglês, na orelha dos caras: "Você está livre! Arremesse, cagão!", "Chute! Você não é o bom? Então, chute!" O Marcel e o Cadum fizeram o mesmo.

Eles caíram na nossa armadilha e começaram a chutar e a errar os lances. E a gente pegando rebote e colocando a bola na cesta. Empatamos o jogo. Nossa, que emoção! Pelo menos, até eu olhar o placar e ver que ainda faltavam 12 minutos para o fim do jogo.

P*** que o p****! Empatamos na hora errada! Como é que a gente ia segurar os caras com tanto jogo pela frente? Não havíamos programado isso. Aliás, não havíamos programado nada, nem empatar o jogo.

Mas era o nosso dia! Tudo estava dando certo *pra* gente. Eu metia bola de três e gritava: "SUCK!" ("CHUPA!"). Faltando 30 segundos, olho para o placar e estamos oito pontos na frente! Aqueles 30 segundos levaram uma eternidade. Eles baixaram três pontos na diferença.

Contagem regressiva: Cinco... quatro... três... dois... um... Acabou o jogo!!! Não deu tempo para mais nada: Brasil 120, Estados Unidos 115. Choradeira geral. Em vez de a gente se abraçar, foi um para cada lado. A gente nem sabia como festejar uma vitória daquele tamanho. Parecia o dia da mentira, 1º de abril.

Ficamos ainda um tempo na quadra. Aos poucos, fomos caindo na real. Aí, sim, comemoramos e vibramos muito. Eu fui o cestinha da partida com 46 pontos, 35 marcados no segundo tempo. O Marcel fez uma grande partida e meteu 31 pontos. O cestinha deles foi o David Robinson, que depois se tornou astro da NBA pelo San Antonio Spurs, com 20 pontos.

Quando chegamos ao vestiário, o seu Chico, nosso roupeiro, nos esperava com uma garrafa de champanhe. Ele tinha pedido "emprestado" no vestiário norte-americano. Sumiu com a garrafa da comemoração deles. Foi muito divertido...

Aquilo representava a vitória de uma equipe fantástica, de um time unido que se superou quando foi necessário. Até hoje, todo dia 23 de agosto grande parte daquele grupo se reúne para almoçar e reviver momentos da conquista do título. Só não comparece quem não pode mesmo. A gente ri e chora de emoção.

Ah... A premiação demorou bastante para começar. Sabe por quê? Não tinha hino do Brasil no ginásio. Tiveram de buscar no campo de futebol. Que tesão de conquista. Todos os jornais americanos estamparam o Brasil na primeira página. A revista *Time* me deu uma página de matéria para divulgar nosso título. A *Sports Illustrated* me deu cinco páginas de matéria.

Eu fiquei tão conhecido nos Estados Unidos que, tempos depois, quando levei a família para a Disney, eu era mais famoso do que o Mickey em Orlando.

O Market Square Arena, ginásio da final, não existe mais; foi derrubado e no mesmo lugar construído outro ginásio, o Conseco Fieldhouse.

Com essa conquista senti como havia valido a pena trocar a NBA pela seleção brasileira. Essa vitória mudou o basquete mundial. A seleção norte-americana perdeu algumas outras competições depois do Pan, tendo sido bronze na Olimpíada de Seul, em 1988, e no Mundial de 1990. Assim, os dirigentes perceberam que não dava mais para manter apenas atletas universitários na seleção.

Na Olimpíada de 1992, em Barcelona, na Espanha, os Estados Unidos passaram a colocar em quadra os profissionais da NBA. Assim, o chamado Dream Team, *Time dos Sonhos*, disputou e venceu a Olimpíada de Barcelona com grande facilidade.

Ainda quanto à nossa vitória, pela primeira vez uma seleção marcou mais de cem pontos na equipe norte-americana, que, como já disse, perdeu a invencibilidade em casa.

Uso esse triunfo da minha vida para dizer que você não precisa ser campeão Pan-Americano em cima dos Estados Unidos para se sentir vencedor. É um exemplo para tomar consciência de que nós, cidadãos de bem, em vez de lamentar, temos o dever de enfrentar e dar o nosso melhor sempre.

Com garra e força de vontade vencemos o impossível. Vencemos o invencível.

É possível realizar tudo na vida, desde que você acredite, desde que não minimize suas capacidades e supervalorize as dos outros. Desde que você diga, convicto: "EU QUERO! EU POSSO! EU MEREÇO!"

Vencendo o vencível: o câncer

Eu sei que vocês querem saber informações sobre a minha doença. Aproveito, também, para agradecer imensamente pelas manifestações de carinho que tenho recebido. São cartas, e-mails, mensagens e telefonemas de pessoas que fazem parte de uma corrente positiva. Muitos, ainda, enviam recomendações de tratamentos que levaram pessoas à cura.

Obrigado, de coração, gente!

Antes, quero dizer que passei em torno de um mês internado entre fevereiro e março de 2014, sendo uma semana em um hospital dos Estados Unidos e mais três em São Paulo. O motivo foi uma arritmia cardíaca, provocada por miocardite viral, que é a inflamação do miocárdio. Fiquei um longo tempo

Primeira convocação de Oscar para a seleção adulta, em 1977, sob comando de Ari Vidal

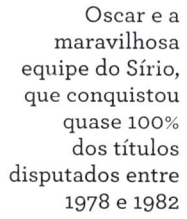

Oscar e a maravilhosa equipe do Sírio, que conquistou quase 100% dos títulos disputados entre 1978 e 1982

Oscar e os companheiros comemorando o primeiro título pela seleção adulta, em 1977

Oscar, na primeira temporada pelo Caserta, da Itália

Uma das qualidades de Oscar: pular e disputar bolas

Oscar em sua quarta temporada pelo Caserta

Oscar e o ala-pivô Generalli, na conquista da Copa Itália

Oscar no último ano pelo Caserta

A vibração de Oscar conquistou o público italiano

Pelo Valladolid, da Espanha, onde cumpriu as duas últimas temporadas na Europa

Oscar defendendo a equipe de Pavia, na Italia

Oscar e os companheiros da seleção que conquistou o Panamericano de Indianápolis, em 1987

Oscar e Scottie Pippen, na fase classificatória da Olimpíada de Atlanta, em 1996

O sempre emocionado Oscar, comemorando as conquistas do Brasil

Oscar entre os amigos Gerson (esq.), Israel, Marcel e Pipoca

Companheiros de Oscar na disputa de sua quinta Olimpíada, em Atlanta, 1996

Oscar e Shaquille O'Neal

Oscar durante reunião na Secretaria Municipal de Esportes, em 1997

Oscar recebe premiação após marcar 40.000 pontos na carreira

Oscar Schmidt, quando defendeu a equipe do Mackenzie

Oscar Schmidt com os companheiros do Flamengo, comemorando um dos títulos cariocas conquistados

Equipe do Corinthians

Oscar Schmidt, sempre muito marcado

Oscar e os companheiros do Flamengo, desfilando em carro aberto

Oscar e Felipe Schmidt jogaram juntos no Flamengo: ele com a camisa 14 e o filho com a 41

Oscar é sempre festejado pelos torcedores

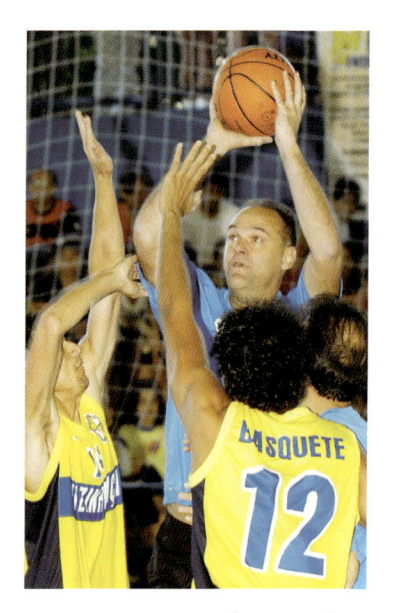

Preparando para soltar a "mão santa"

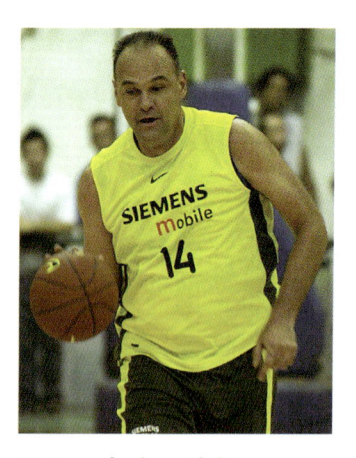

No jogo de despedida em Brasília, depois de 32 anos de carreira

No jogo de despedida, confortando a esposa Cristina

Orgulho ter vestido por tantos anos a camisa 14

Homenagem no All Star Game da Itália, onde ganhou a competição de três pontos mesmo tendo encerrado a carreira há um ano

Oscar no meio da Gioventu Bianco Nera, torcida organizada da equipe de Caserta, na Itália

Oscar Schmidt, sempre o foco das atenções da mídia

Oscar, alegre no contato com os fãs

A quadra improvisada para garotos de Ponta Porã treinarem basquete

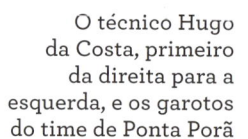

O técnico Hugo da Costa, primeiro da direita para a esquerda, e os garotos do time de Ponta Porã

O palestrante Oscar Schmidt, sempre aplaudido de pé pelo público

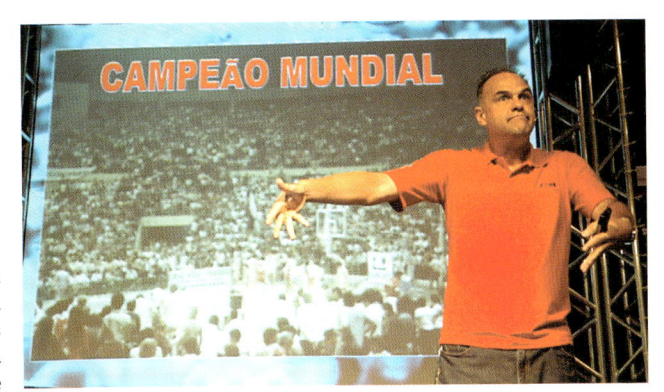

Nas palestras, Oscar retrata sua trajetória e conquistas dentro e fora do basquete

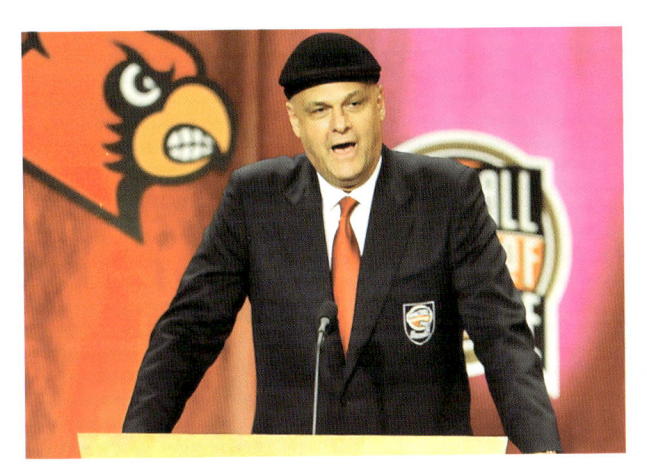

Oscar no discurso da homenagem que recebeu ao entrar para o Hall da Fama

Oscar Schmidt com seu maior ídolo, Larry Bird

Oscar com os filhos Stephanie e Felipe, e a esposa Cristina, apresentando o troféu recebido no Hall da Fama

Oscar, mostrando o troféu Top of Mind, por ter sido eleito o Palestrante do ano de 2013

no hospital, fui medicado e passei por procedimento invasivo, mas tudo foi superado.

Quanto ao problema do tumor, começou em 2011. Eu estava na banheira da minha casa em Orlando, fazendo banho de imersão com hidromassagem. A água, bem quente e agradável, me deixou muito relaxado. Fiquei ali por um longo tempo, talvez mais de uma hora.

A Cris e a Stephanie estavam ao meu lado, com outros afazeres. Eu suava bastante e comentei com a Cris. Ela respondeu: "Vai ver que é por ter comido aquele pedação de bolo de chocolate". Era um pedação mesmo e estava uma delícia.

O longo tempo na água quente baixou demais a minha pressão. Fui me sentindo cada vez mais relaxado. Fui relaxando, relaxando... até que desmaiei.

A Cristina e a Stephanie tentaram falar comigo, mas não respondi. Entraram em desespero. Começaram a gritar e a chamar o Felipe, que veio imediatamente. Ele estava com uns amigos na garagem de casa, montando um cenário para um filme que apresentaria no curso de cinema.

O menino saiu correndo e deu um salto para dentro da banheira. Tentou me reanimar sem sucesso. Na hora do desespero, nossa força fica descomunal. Pois ele conseguiu me tirar sozinho da banheira e me colocar na cadeira. Com meu peso e altura não deve ter sido nada fácil me socorrer.

Estava desmaiado, mas imagino que o clima era de desespero. Chamaram tudo o que podiam: ambulância, polícia e bombeiro. Eu me lembro de ter acordado no exato momento em que me colocavam na ambulância.

Chegamos ao hospital e foi aquela correria. Colocaram em mim um monte de fios, oxigênio... Fiz uma porção de exames. O médico perguntou: "Você sabe onde está?" Respondi: "Claro, no Rio de Janeiro". Meu filho, Felipe, intercedeu: "Pai! Estamos em Orlando!"

Depois de algumas horas, o médico que me atendeu voltou a conversar com a gente e deu a seguinte notícia: "Você tem um tumor de oito centímetros na cabeça". O cara mandou na lata, sem fazer rodeios. A Cris e a Stephanie começaram a chorar.

Eu fiquei por alguns segundos em silêncio. Mas logo perguntei o que deveria ser feito. Problema tem de ter solução! O médico, então, começou a explicar que eu precisava ser operado rapidamente. Como já disse, estava em Orlando. Se eu tinha um tumor e precisava abrir a cabeça para retirá-lo, eu queria fazer isso no Brasil.

Falei que não ia operar e pedi que me liberassem. Eles o fizeram, mas foi um sacrifício, e um assalto. Por um dia de hospital paguei U$ 25 mil. Para me liberarem foi literalmente um custo.

As passagens de retorno ao Brasil já estavam compradas. Remarcamos a data, arrumamos as malas e voltamos. Contatei um médico indicado e mostrei os exames que tinha. Ele pediu outros mais e logo eu estava internado num dos principais hospitais de São Paulo, na mesa de cirurgia. Abriram a minha cabeça de orelha a orelha. Tiraram uma bolota de dentro, um tumor de oito centímetros, posicionado do lado esquerdo da parte frontal da cabeça.

Entre o dia que o tumor foi descoberto até a biópsia passaram 11 dias. Nem preciso dizer o grau de ansiedade que eu e meus familiares vivemos. Os resultados mostraram que era um tumor de grau dois: nem benigno nem maligno; digamos que pouco agressivo. Operei, mas teve uma complicação no processo, uma infecção hospitalar que poderia ter tirado a minha vida. Os médicos ficaram apavorados. Conseguiram controlar o problema e depois recebi alta.

Em função do tipo de tumor, não foi preciso tratamento, somente acompanhamento. Passei dois anos fazendo ressonância de três em três meses. Quando o médico já estava com a intenção de aumentar o espaço entre as ressonâncias, recebi outra porrada: o tumor havia voltado, dessa vez em formato maligno. Estava outra vez na parte frontal, do lado esquerdo.

Existem quatro graus de tumor. O primeiro era bem maior, menos agressivo e de grau dois. O segundo estava no começo, mas era maligno e de grau três.

Novamente abriram a minha cabeça para retirar o nódulo. E tive de me submeter a um intenso tratamento. Foram 45 quimioterapias e 30 radioterapias. Tive efeitos colaterais. Tudo passou.

Em 25 de julho de 2013, vivi mais um momento especial, uma das maiores emoções da minha vida e que me encheu de otimismo. Em sua passagem pelo Brasil, e na visita à Prefeitura do Rio de Janeiro, recebi a bênção do papa Francisco. Que homem humilde, sensível. Que presente para mim; que presente para o povo brasileiro.

Troquei algumas palavras com ele e me ajoelhei. O papa Francisco tocou a minha cabeça. Senti algo tão maravilhoso, tão protetor. É mais um estímulo que tenho na luta para vencer a doença. Ali também agradeci a Deus pela vida linda que Ele tem me proporcionado.

Nesse momento, não sei se estou curado, mas, certamente, estou livre dos nódulos. Tenho enfrentado tudo com naturalidade e até frieza. Se o tumor voltar e for preciso tirá-lo, vamos tirar. Se for preciso tomar remédio e fazer tratamento, vou tomar e fazer. Tem de ser forte e determinado. A vida é feita de desafios. Eles me acompanham durante toda a minha trajetória. Esse é mais um deles.

Enfrentar e vencer o câncer exige uma daquelas jogadas especiais. Como quando eu metia uma bola de três pontos e ainda sofria falta. Isso me dava o direito a mais um lance livre e a possibilidade de totalizar quatro pontos.

Uma jogada de quatro pontos! Estou pronto para realizá-la uma, dez... cem vezes! E tem mais: com a proteção de Deus, a bênção do papa Francisco, a torcida da família, de todos vocês, a medicina e a minha garra e vontade de viver, fico seguro e confiante.

Por isso, eu digo e repito quantas e quantas vezes precisar: com o "time" que eu montei, o câncer pegou o cara errado!

13
HALL DA FAMA E TOP OF MIND DE RH

Quero falar mais sobre o título que considero a principal homenagem que recebi como jogador de basquete e o maior prêmio da minha carreira de palestrante. O primeiro é o Hall da Fama e o outro o Top of Mind de RH.

Hall da Fama... Eu sonhava em entrar para o seleto grupo agraciado pelo Hall da Fama. Representa o momento mais bonito da minha carreira. Voltei aos Estados Unidos para silenciar os norte-americanos. Em 1987, calei-os para me ver jogar. Em 9 de setembro de 2013, calei-os para me ouvir falar e agradecer.

Eu estava dirigindo em Orlando, Estados Unidos, quando o celular tocou. A pessoa se apresentou como sendo da Fiba, Federação Internacional de Basquete, e informou: "Oscar, você foi escolhido para entrar no Hall da Fama". Estacionei o carro e perguntei: "Você tem certeza disso?" Ela confirmou: "Claro! Certeza absoluta!"

Caramba! Entrar para o Hall da Fama é dificílimo. Além disso, já tinham homenageado dois brasileiros, a Hortência e o Ubiratan. Nem sabemos quem vota. Representa receber, se existisse, o prêmio Nobel de Basquete.

Você não tem noção de como tudo foi tão maravilhoso. Cheguei com a família em Springfield, Massachusetts, na quinta-feira. A premiação seria no domingo. Participei de várias entrevistas e jantares. No dia da homenagem, desde a hora que acordei me senti nas nuvens. Assim que cheguei ao local do evento, o Naismith Memorial, não parei de cumprimentar figuras do basquete e de receber os parabéns.

Grandes ídolos do basquete mundial estavam lá. Entre eles, um jogador incrível, que não era veloz nem pulava muito, mas era o melhor: Larry Bird. Ele subiu comigo ao palco. Reverenciei-o como a um Deus!

No púlpito, comecei a olhar para toda aquela gente. Primeiro, fiz um minuto de silêncio para mostrar a real importância da premiação. Congelei algumas passagens da minha vida. Olhei também para a "cola" que eu havia tirado do bolso. Lá estavam os tópicos daquilo que eu iria falar e dos agradecimentos que faria.

Depois, comecei o meu discurso, de improviso. Fica mais real, intenso e emocionado. Falei da minha alegria e honra em entrar para o Hall da Fama, de aquele ser um sonho antigo. Expliquei por que nunca havia jogado na NBA.

Contei em detalhes que participei do *draft* do New Jersey Nets e recebi uma proposta de contrato, mas recusei. Falei do meu orgulho de servir a seleção brasileira. Claro, dei ainda uma cutucada e relembrei da vitória em cima deles, no Pan-Americano de 1987.

Compartilhei também que queria ser jogador de futebol, mas que minha família insistiu para que eu jogasse basquete. Agradeci também aos meus pais, aos meus irmãos, e aos grandes amigos e companheiros da carreira, Marcel, Chicão, e aos técnicos Bogdan Tanjevic, Claudio Mortari e Ary Vidal.

Agradeci a Deus, por tudo de maravilhoso que ele me propiciou. Deixei a família por último. Falei do Felipe, contei que ele estudou nos Estados Unidos, que foi campeão de basquete na universidade, que havia se formado em Relações Internacionais e escolhera a carreira de cineasta. Apresentei a Stephanie como a melhor filha do mundo. Confidenciei que muitas vezes sou o cobaia de suas receitas, já que ela é *chef* de cozinha.

Em alguns momentos eu olhava para a plateia e via as pessoas ora gargalharem, ora se emocionarem; alguns chegaram às lágrimas. Senti que estava conseguindo mexer com o público.

Guardei o último momento dos agradecimentos para o meu grande amor, a Cris. Contei a passagem de quando ela topou passar bolas para mim na quadra, enquanto eu treinava arremessos, e que, se me casasse com ela, teria gandula de graça para o resto da vida. O público riu muito.

Encerrei com um grande testemunho de amor à minha esposa. Disse que se a Cris não tivesse entrado na minha vida eu não teria chegado aonde cheguei e que tinha plena certeza disso. Falei também que estávamos juntos há 38 anos e que queria estar com ela até os últimos dias da minha vida. Enquanto eu me declarava, várias lembranças da Cris me acompanhando durante a vida vieram à minha mente.

Procurei expressar tudo isso com grande dose de humor e alegria no coração. Mas na hora em que me declarei à Cris eu chorei bastante. Ela também! Sim... foi um choro gostoso, de emoção e alegria. Um choro de agradecimento por tudo o que essa mulher fez e faz por mim!

Uau! Agora mesmo, relembrando, estou tão emocionado quanto naquela noite! Valorizei cada um dos princípios que me pautaram na vida: lealdade, ética e honestidade.

Para fechar a noite com chave de ouro, fui muito cumprimentado na saída da premiação. Demoramos a ir embora. O taxista que nos levou tinha acabado de deixar o Larry Bird no hotel e voltado para o Naismith Memorial. O motorista nos contou que durante todo o trajeto o Larry Bird só falava de mim, mostrando-se encantado com o que acontecera no evento. O Larry Bird cresceu ainda mais no meu conceito!

Outro grande momento foi o prêmio Top of Mind de RH, na categoria de melhor palestrante do Brasil. Foram praticamente dez anos entre o início de carreira e o prêmio.

Não vou mentir. Algumas vezes eu pensei: "Será que vai dar certo? Será que eu nasci para fazer palestras?" Digo isso para mostrar que, assim como você, em determinados momentos da vida a gente se sente indeciso. Nessa hora, ouça a voz que vem de dentro, que vem do coração.

Sempre sigo as minhas convicções. Outra vez, foram mais fortes do que as dúvidas e incertezas. Como sempre, meu objetivo é o de evoluir, crescer.

Aos poucos, fui fazendo experiências, errando, acertando e pegando o jeito. Mais do que o jeito, peguei gosto por palestras. Passou a ser o meu mundo, minha nova atividade.

O número de palestras cresceu, cresceu... Fiz centenas delas, mais de 700. Falei para todo tipo de público e de segmentos empresariais. Indústria, comércio, prestadores de serviços, terceiro setor, empresas públicas...

Até que, perto de meados de 2013, fui pego de surpresa com a notícia de que estava entre os cinco finalistas do prêmio Top of Mind de RH, iniciativa da Editora Fênix, empresa que há 16 anos realiza o prêmio e atua fortemente em mídias e eventos na área de Recursos Humanos. A categoria "Palestrante" estreou em 2003. Portanto, essa era a 11ª participação da categoria na premiação.

A eleição funciona assim: a Editora Fênix possui um colégio eleitoral formado por dirigentes de Recursos Humanos. Ao todo, são oito mil profissionais. No início de cada ano eles recebem cédulas em branco, para que indiquem o primeiro nome que vem às suas mentes em cada uma das 33 categorias.

Essa primeira fase vai de janeiro a março. Depois disso, é feita a compilação de dados para definir os cinco mais votados por categoria.

Eu soube que entre os palestrantes 55 nomes foram lembrados, sendo os mais votados Leila Navarro, José Luiz Tejon, professor Gretz, Cesar Souza e eu, Oscar Schmidt. Nossa, que alegria estar entre essas feras. São nomes altamente respeitados no mundo empresarial e das palestras. E eu lá, entre eles!

Depois disso, começa a segunda fase, de maio a setembro, quando aquele mesmo colégio eleitoral volta a receber as cédulas, dessa vez com cinco nomes por categoria.

Sendo assim, a primeira fase é definida por lembrança espontânea e a segunda por preferência.

Nossa, fiquei tão ansioso. Dei um monte de entrevistas dizendo que o meu objetivo era ser o melhor palestrante do Brasil. Eu queria o prêmio. Todos os indicados foram muito bem escolhidos, mas eu merecia o prêmio. Queria a vitória para tê-la como estímulo. Para provar a mim mesmo que valeu cada passo dado, cada dose de esforço, cada gota de suor. Queria vencer para ter uma recompensa pela minha dedicação.

Como acontece em toda premiação, há sempre um grande dia, o da divulgação dos ganhadores. Esse dia chegou: 16 de outubro de 2013! Eu estava lá com a Cris, a Stephanie, o Felipe e o Chicão. Nossa... quanta gente compareceu. Tirei foto e conversei com uma porção de pessoas. Quanto carinho eu recebi.

Já nos primeiros momentos, como contei anteriormente, fui até o painel que apresentava as 33 categorias e os cinco nomes que concorriam em cada uma delas. Arregalei os olhos quando vi que a de palestrante era a de número 14! O meu 14! Na hora, vibrei por dentro: "Levei o troféu!", pensei.

Logo estávamos sentados na mesa. Eu olhava cada detalhe daquela festa, maravilhado com tudo aquilo. Não chorei, mas por várias vezes tive vontade. Para ser melhor ainda e fechar com chave de ouro, aquela poderia ser a minha noite!

Abertura do evento! Personalidades de Recursos Humanos davam os seus recados. Logo o primeiro ganhador foi conhecido. Mas, claro, com todo aquele suspense. Depois vieram a segunda categoria... a terceira... e, finalmente, a 14ª: Palestrante do ano! Respirei fundo por várias vezes. Fiquei com um nó na garganta. Falaram de todos os cinco indicados. Mostraram no telão. De onde eu estava sentado, vi cada detalhe da apresentadora pegando o envelope, abrindo-o, tirando um cartão de dentro e dizendo: "OSCAR SCHMIDT!"

Você sabe que sou emotivo, mas no lugar das lágrimas eu apenas sorri deliciosamente. Sorri de alegria. Sorri de euforia. Sorri de realização.

Que transformação e diferença. Quando eu ganhava título no basquete, isso acontecia depois de segundos finais tensos, violentos, emocionantes, gritados, chorados, cheios de superação, comemorados com gritos, saltos e socos no ar.

Agora, tudo havia mudado. Comemorei a vitória com um beijo na Cris, sorrindo muito, andando emocionado até o palco, recebendo tapas nas costas e parabéns.

Digamos, divertidamente, que a gente comemora o título do Top of Mind de RH de uma forma bem mais "civilizada" do que quando ganha uma competição de basquete.

Lá do palco, com o troféu nas mãos, eu olhei para o público e, aí sim, desabei. Eram mais de mil pessoas me aplaudindo de pé! Havia muito em jogo naquele momento. O meu passado vitorioso no esporte, o meu passado e presente não menos vitoriosos como palestrante, a incerteza e a torcida pelo meu futuro, o qual espero que continue saudável e vencedor.

Conversei, inclusive, com alguns dos organizadores do evento, que disseram: "Oscar, sem dúvida alguma a reação do público à sua indicação para receber o prêmio representa o momento mais emocionante da história do Top of Mind de RH".

Taí... Contei tudo! Arranquei todas as emoções de dentro de mim.

E quem pensa que me dou por satisfeito com esse prêmio engana-se! Eu quero mais! Eu quero o segundo, o terceiro... o décimo Top of Mind de RH... Eu quero o mundo!

Feliz e realizado, sim. Satisfeito, jamais!

14
RESPEITE SUAS CARACTERÍSTICAS E APTIDÕES

"Tire a bunda da cadeira e vamos trabalhar. Vamos treinar!"

Essa é a frase, o pensamento que eu deixo para você como *slogan* de vida daqui *pra* frente.

Na minha vida sobraram dedicação, empenho, comprometimento e transpiração. Mas faltou, por exemplo, ter sido mais maleável. Houve momentos em que, se eu tivesse sido mais flexível, poderia ter me dado melhor.

Mas, se o preço de se "dar bem" e ter certos benefícios é perder a espontaneidade e a sinceridade, não conte comigo. Detesto mentira e hipocrisia.

Tudo na minha vida valeu a pena, porque eu nunca fiquei em cima do muro. Minha vida sempre registrou situações nas quais tive de entrar em divididas. Critico quando entendo que há algo errado, mas também elogio aquilo que avalio como certo.

Ah! Faltou contar um detalhe importante: a medalha olímpica! Eu tive a chance de conquistá-la, mas errei o arremesso decisivo em 1988, na Olimpíada de Seul. Depois de passar pela Espanha, quando fiz 55 pontos e bati o recorde em uma partida dos Jogos Olímpicos, enfrentamos o time da extinta União Soviética.

Que confronto memorável! Foi pau a pau o jogo todo. Um grande momento da nossa geração. O Sabonis, pivô lituano, melhor jogador da União Soviética na ocasião e presente também no Hall da Fama, só marcou quatro pontos no jogo. Dois deles numa cesta que colocou os soviéticos à frente.

Nós fomos ao ataque faltando poucos segundos. Perdíamos por dois pontos. A bola caiu na mão de quem? Na minha, um especialista em arremessos de três pontos!

Em vez de eu meter uma bola de três e decidir a partida, cortei para dentro da quadra e preferi chutar de dois e empatar, o que levaria o jogo para a prorrogação.

Que m**** eu fui fazer. Se a gente tem uma grande qualidade, um importante diferencial, por que não acreditar nele? Infelizmente, isso acontece conosco em determinadas situações. É natural do ser humano. Que essa passagem sirva de exemplo para a sequência da sua vida.

Sei que muitas vezes temos de decidir numa fração de segundo e sob intensa pressão. Mesmo assim, na hora de decidir, aja com segurança. Execute exatamente aquilo que você sabe fazer de melhor! Faça por você, pela sua família, pelo seu país, pelo seu clube, pela sua empresa. Faça e não espere o reconhecimento de ninguém!

No meu caso, era arremessar de três pontos. Se ganhássemos o jogo, disputaríamos a medalha. Eu mudei a mão e fui meter uma bola de dois pontos. Paguei um alto preço por isso. Aprendi muito com essa decisão.

Terminei a Olimpíada de Seul como cestinha e ainda fui o segundo melhor reboteiro. De nada adiantou. Eu queria mesmo a medalha.

Pelo menos, na hora de dormir eu estava tranquilo. Errei, sim, mas dei tudo de mim.

Eu decidi muitos jogos. Em Caserta, teve uma temporada que eu decidi uns 15 jogos na última bola. Os caras me cercavam,

RESPEITE SUAS CARACTERÍSTICAS E APTIDÕES

marcavam e, mesmo assim, eu acertava. A vida do cestinha é essa. A vida de quem decide é essa. Você aprende a conviver com as bolas perigosas, com as situações de risco. Quem não quer assumir responsabilidades não arremessa a última bola. Ao invés de chamar o jogo para si, vira as costas e finge que está fugindo da marcação.

Repito: esse é o papel do líder. Se você quer ser líder, assuma as responsabilidades que a posição exige. Quando estávamos no aquecimento, a torcida contrária começava a xingar a mim e aos meus companheiros. Pois eu chegava junto da torcida e devolvia os xingamentos.

Aí, passavam a me xingar ainda mais, dos piores nomes possíveis. Para mim era como um energético; além disso, a torcida esquecia dos outros atletas. Os jogadores mais importantes, os profissionais que se destacam nas empresas e equipes, realmente viram escudo para seus companheiros. Na seleção, essa missão era minha e do Marcel. Na empresa, o líder tem de cuidar do grupo.

A vitória é doce. A derrota, amarga. Em contrapartida, a vitória muitas vezes encobre erros e falhas. A derrota expõe fragilidades. A vitória pode iludir. A derrota, alertar. Na carreira, ganhamos alguns jogos que trouxeram a enganosa impressão de que tudo estava maravilhoso. No jogo seguinte, entrávamos tão confiantes que tropeçávamos. Por outro lado, tenho inúmeros exemplos de situações contrárias, nas quais perdíamos por falhas grotescas e desatenção, mas na partida seguinte superávamos e vencíamos adversários poderosos.

Cá entre nós, ganhar é muito melhor do que perder! Mas quero transmitir a você que não adianta ganhar sem evoluir; não adianta perder sem aprender e tirar lições.

Espero que, ao terminar a leitura deste livro, você tire justamente lições importantes das minhas experiências de vida e, principalmente, entenda que não há sucesso, crescimento e triunfo sem sacrifício.

Eu sou produto e fruto de treinamento. Eu não acredito em dom ou talento. Acredito que qualquer pessoa que treinar muito vai ficar boa no que faz. Se eu tivesse um carrinho de cachorro-quente, buscaria excelência em tudo. Se eu fosse presidente de uma empresa, também. Agi assim no basquete e com as palestras.

Busco melhorar a cada dia. Mas tem gente que, em vez de buscar um objetivo, apenas tenta. E quem tenta nem sempre consegue. Há os que tentam e os que conseguem. Jogue no segundo time!

Tem uma história que toda vez que conto a alguém eu me emociono. Pelo Brasil e pelo mundo afora, tem gente de grande potencial e coração enorme. São pessoas que vieram à Terra para cumprir uma missão.

O protagonista dessa história é um professor de educação física chamado Hugo da Costa. Ele mora em Ponta Porã, que fica a sudoeste de Mato Grosso do Sul e na fronteira do Brasil com o Paraguai. O Hugo resolveu dar aulas de basquete a uma turma de garotos da cidade. Mas não tinha bola, ginásio, quadra, uniforme... Só havia a vontade. E pode ter uma certeza: essa é a faísca que incendeia o espírito realizador. E, quando se soma vontade com atitude, a química é perfeita.

Houve uma mobilização geral. Hugo da Costa e seus aliados se encarregaram de criar as condições para as aulas de basquete. O professor e os alunos improvisaram uma quadra em um gramado. Cortaram a grama e o chão virou um terrão. Tinha até árvore no meio da área. E quando chovia alagava o terreno.

Precisavam das tabelas e dos aros. Serraram uma porta ao meio e montaram duas tabelas. O próprio Hugo colocou a mão no bolso e, com o apoio de outras pessoas, comprou os aros e duas bolas. Esse é um professor que, além de ensinar, educa! Criou uma quadra onde parecia impossível, com tabelas improvisadas, arregaçou as mangas, investiu o próprio dinheiro. Montou um time. Criou uma equipe que nasceu da superação de todos.

Esses garotos, dirigidos por Hugo da Costa, foram campeões de Ponta Porã e vice-campeões estaduais. Eu me apaixonei por essa história e resolvi ajudar os meninos. Escrevi um livro e doei a renda para ajudá-los. Consegui, ainda, reunir um grupo de pessoas que também colaborou.

Arrecadamos uma verba razoável. Sabe o que fizemos? Compramos um terreno e montamos um ginásio e uma quadra bem em frente à antiga quadra de terra. Atualmente, mais de 500 meninos usufruem do ginásio e praticam basquete.

O Hugo da Costa e seus comandados, em vez de lamentar e reclamar da vida como muitos de nós fazemos, treinaram numa quadra de terra e foram campeões. Agora, depois de tanto esforço e das conquistas, eles têm ginásio, quadra coberta com piso ideal para a prática do basquete e patrocínio. Eles já foram oito vezes campeões estaduais!

Esse é um lindo exemplo de quem troca a tentativa pela realização. Se eles conseguiram, mesmo com tantas adversidades, todos nós também conseguiremos alcançar nossos objetivos. Para isso, é preciso ser mais forte do que os problemas!

Afirmo que sou e me sinto feliz e realizado. Tenho uma esposa e dois filhos maravilhosos. Aliás, quando conheci a Cris, me apaixonei tanto por ela que dispensei três namoradas que eu tinha em cidades diferentes: São Paulo, Araraquara e Rio de Janeiro. Espero que a Cris não leia este livro...

No esporte, vivi momentos divinos. Alcancei muito mais do que eu imaginava. Meus pais me deram um berço incrível, cuja maior riqueza se expressa pelos legados que transmitiram a mim e aos meus queridos irmãos.

Sempre pergunte a si mesmo: "O que eu quero para o futuro?" Saiba ainda que ninguém forja um líder. Pois eu vou mostrar a foto de um grande líder, de um vencedor.

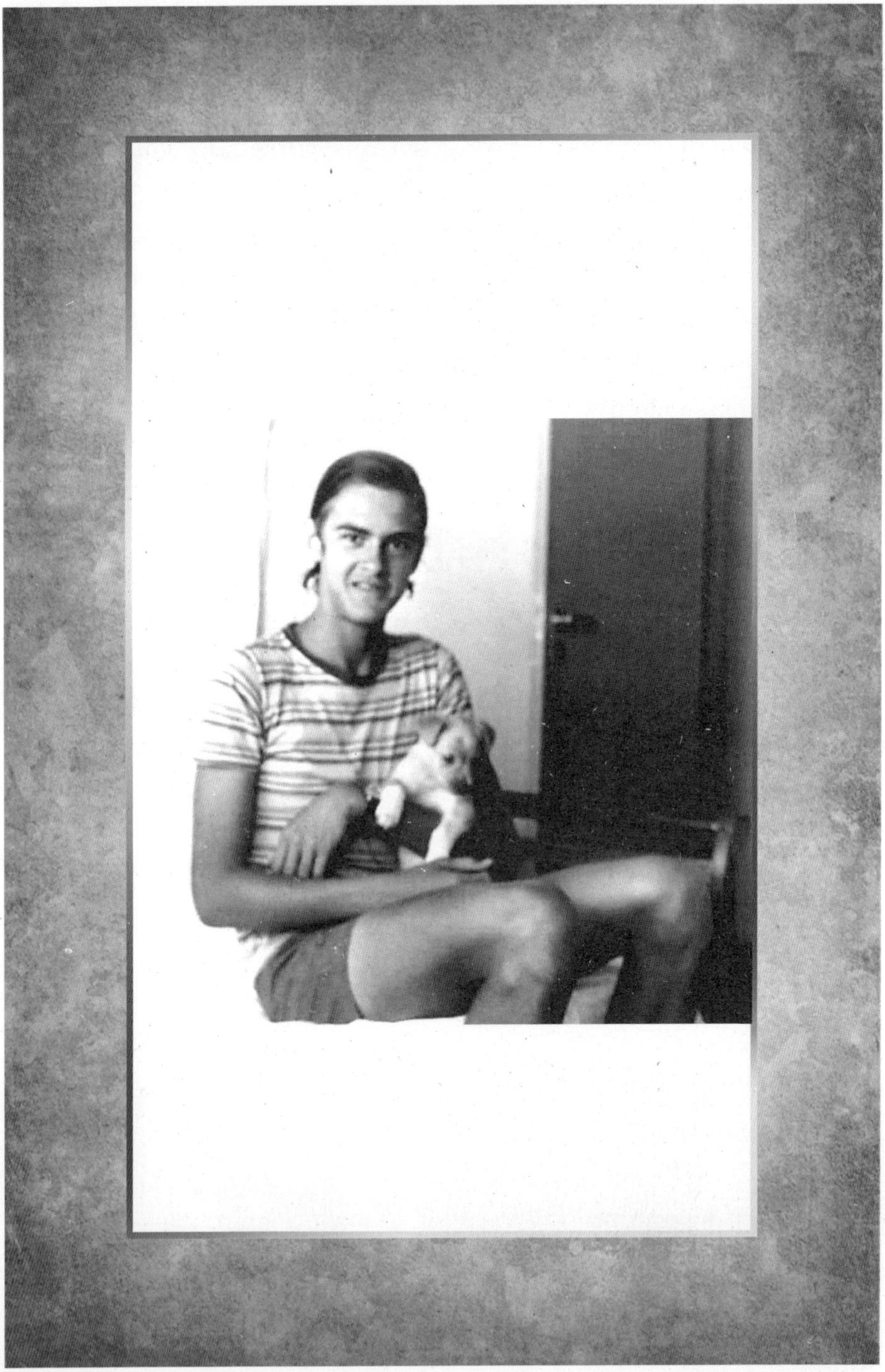

RESPEITE SUAS CARACTERÍSTICAS E APTIDÕES

Agora... Olhe bem para essa foto. Olhe bem para esse cara. Olhe bem para o cabelo desse cara. Olhe bem para o cachorrinho desse cara. Olhe bem para a expressão desse cara...

Esse cara tem mais de dez Centros e Ginásios Poliesportivos no país com seu nome.

Esse cara teve o número das camisas que usou em quatro clubes retiradas. Ninguém mais joga com a camisa 14 do Flamengo e do Unidade Vizinhança, de Brasília; ou com a 18 no Caserta e a 11 no Pavia, ambos da Itália.

Esse cara jogou na seleção brasileira de basquete de 1977 a 1996. Foram 326 partidas com 7.693 pontos marcados.

Esse cara entrou para o Hall da Fama da Federação Internacional de Basquete.

Esse cara ganhou o prêmio de melhor atleta latino entregue por Juan Carlos, rei da Espanha.

Esse cara foi convidado para jantar no Palácio da Alvorada. Estava lá o Bill Clinton. Ele me conhecia da Olimpíada de Atlanta, me chamou pelo nome e me deu parabéns. O presidente Fernando Henrique Cardoso não acreditou que o Bill Clinton me conhecia. Olhe a expressão de espanto dele, ou melhor, de... de... bem, deixa de espanto mesmo...

Esse cara se tornou amigo de dois mitos: Kobe Bryant e Maradona.

O primeiro, Kobe Bryant, conheceu pequenino, pois jogou por dez anos na Itália com o pai dele, Joe Bryant. Eles disputavam todo ano para ver quem era o cestinha do campeonato. O Kobe era o filhinho do Joe que ele sempre via e com quem às vezes brincava na quadra. De repente... o pequenino virou o grande Kobe Bryant.

O segundo, Maradona, quando defendeu a equipe do Napoli, também na Itália, ia com o Careca, atacante brasileiro, ver seus jogos em Caserta. Eles saíam para jantar depois das partidas.

Esse cara deu inúmeras entrevistas a jornais, rádios e programas de TV. Mesmo pagando mico às vezes, conforme a foto abaixo.

Esse cara fez propaganda para 135 empresas de diversos segmentos. Esse cara se orgulha muito disso.

Esse cara é o jogador que mais disputou Olimpíadas, cinco ao todo, e mais pontuou na competição com 1.093 pontos.

Esse cara foi o maior cestinha do basquete mundial com 49.737 pontos em 1.615 jogos disputados.

Perdão, Rei Roberto Carlos, por usar o título da sua música, mesmo sem autorização, mas... "Esse cara sou eu" dos 13 para 14 anos.

Olhando bem para essa foto, eu não tenho receio de dizer que, se esse cara se tornou líder e venceu na vida, qualquer um pode ser líder e vencer na vida também!

Vamos fazer um pacto! Torça por mim e acredite em mim. Porque eu torço por você e acredito em você e no seu pleno sucesso!

Resumo da carreira de jogos e conquistas de Oscar Schmidt

- Foram 32 anos de carreira, dos 13 aos 45 anos
- Por 20 anos Oscar Schmidt defendeu a seleção brasileira, tendo marcado 7.693 pontos em 326 jogos.
- Oscar disputou cinco Olimpíadas, totalizando 1.093 pontos. São elas:
    - Quinto lugar nos Jogos Olímpicos de Moscou (União Soviética), em 1980.
    - Nono lugar nos Jogos Olímpicos de Los Angeles (Estados Unidos), em 1984.
    - Quinto lugar nos Jogos Olímpicos de Seul (Coreia do Sul), em 1988.
    - Quinto lugar nos Jogos Olímpicos Barcelona (Espanha), em 1992.
    - Sexto lugar nos Jogos Olímpicos de Atlanta (Estados Unidos), em 1996.
- Ao longo da carreira, foram 49.737 pontos marcados em 1.615 jogos disputados.
- Oscar Schmidt foi Campeão 49 vezes, sendo 24 em competições amadoras e 25 em disputas profissionais. Seguem todas as conquistas:

- Campeão Colegial
- Bicampeão Campeão das Economíadas
- Hexacampeão Campeão Universitário
- Campeão dos Jogos Abertos de São Paulo
- Campeão da Copa Itália
- Dois acessos da séria da A-2 para a A-1 com campeonato italiano
- Tricampeão Campeão Carioca
- Tricampeão do torneio inicio de São Paulo
- Tetracampeão Paulistano
- Pentacampeão Campeão Paulista
- Eneacampeão Brasileiro
- Heptacampeão Sul-Americano
- Bicampeão da Copa América
- Bicampeão Pan-Americano
- Campeão Mundial

Resumo dos 10 anos da carreira de palestrante de Oscar Schmidt (entre 2003 e dezembro de 2013)

- Principais temas das palestras:
    - Comprometimento
    - Desafios
    - Inovação
    - Lições de vida
    - Liderança e Equipe
    - Obstinação
    - Oscar e Marcel
    - Planejamento
    - Time
    - Trabalho em equipe
    - Trajetória
- Mais de 400 empresas contrataram Oscar Schmidt.
- Foram mais de 700 palestras ministradas em todos os segmentos: indústria, comércio, terceiro setor, prestação de serviços, instituições de ensino, entre outros.
- Em 10 anos, as palestras de Oscar Schmidt foram assistidas por aproximadamente 350 mil pessoas.

Algumas das obras de Elias Awad (todas pela Novo Século Editora)

- *Viver e deixar viver* - Biografia de Samuel Klein, fundador da Casas Bahia (5ª edição)
- *Negócios & Música* - Biografia de Celso Moraes, presidente do Grupo CRM (Kopenhagen e Chocolates Brasil Cacau)
- *Nas asas de um sonho* - Biografia de Roberto Vascon, que morava nas ruas de Nova York e se tornou designer internacional de bolsas (3ª edição)
- *Sucesso em Palavras* - 16 Biografias de alguns dos principais empreendedores do Brasil (Alberto Saraiva/Habib's, Sônia Hess/Dudalina, Washington Olivetto/WMcCann, Chieko Aoki/Blue Tree Hotels, Maestro João Carlos Martins, entre outros)
- *Ensina-me a ensinar* - Biografia de Affonso Brandão Hennel, fundador da Semp Toshiba
- *Mr. Fisk* - Biografia de Richard Hugh Fisk, presidente da Fundação Fisk (Escolas Fisk e PBF – edição também em inglês)
- *Nunca é tarde para realizar* - Biografia de Vicencio Paludo, fundador do Grupo Vipal (edições também em Inglês e Espanhol)
- *Julio Simões* - Biografia do fundador da JSL Logística (edição também em inglês)

- *João Uchôa Cavalcanti Netto* – Biografia do Fundador da Universidade Estácio de Sá
- *A indústria do Sucesso* - Trajetória do empresário Domingos Rigoni, presidente da Movelar

Saiba mais, dê sua opinião:

Conheça - www.novoseculo.com.br
Leia - www.novoseculo.com.br/blog

Curta - /NovoSeculoEditora

Siga - @NovoSeculo

Assista - /EditoraNovoSeculo